經學研究叢書・經學史研究叢刊

顧頡剛的學術淵源

林慶彰　著

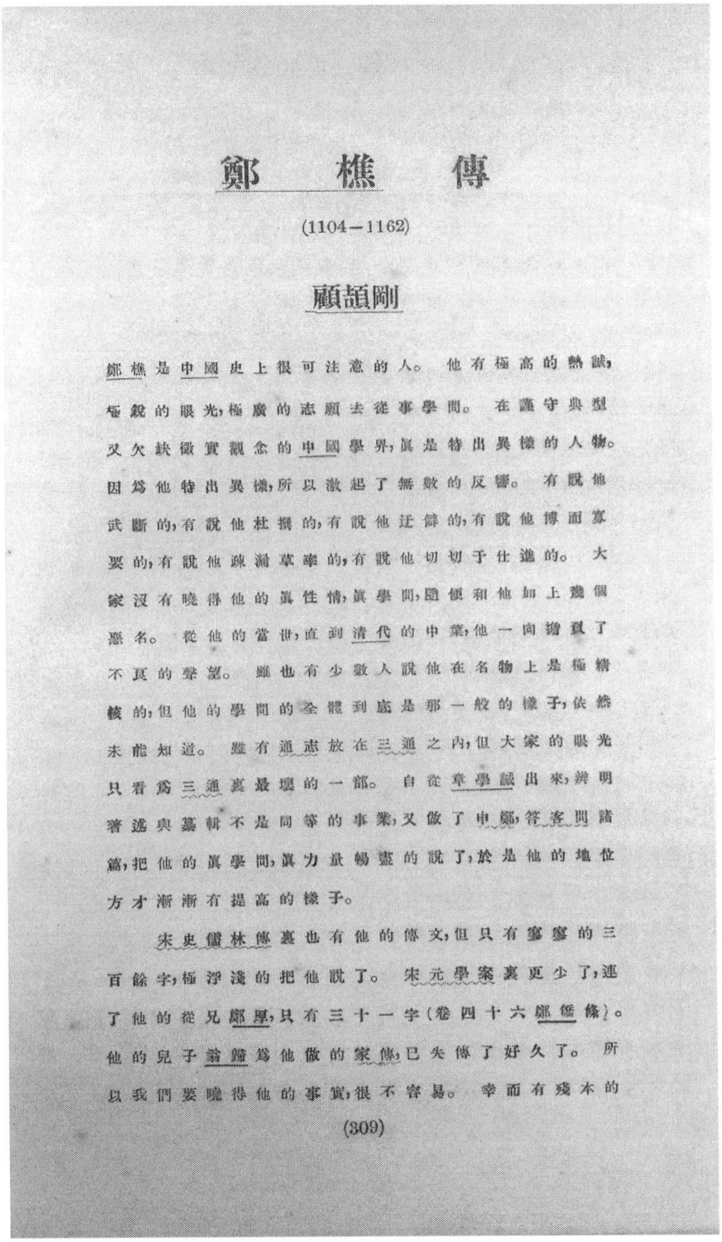

鄭　樵　傳

(1104—1162)

顧頡剛

鄭樵是中國史上很可注意的人。他有極高的熱誠，極銳的眼光，極廣的志願去從事學問。在謹守典型又欠缺徵實觀念的中國學界，眞是特出異樣的人物。因爲他特出異樣，所以激起了無數的反響。有說他武斷的，有說他杜撰的，有說他迂僻的，有說他博而寡要的，有說他疎漏草率的，有說他切切于仕進的。大家沒有曉得他的眞性情，眞學問，隨便和他加上幾個惡名。從他的當世，直到清代的中葉，他一向遭襲了不眞的聲罵。雖也有少數人說他在名物上是極精核的，但他的學問的全體到底是那一般的樣子，依然未能知道。雖有通志放在三通之內，但大家的眼光只看爲三通裏最壞的一部。自從章學誠出來，辨明著述與纂輯不是同等的事業，又做了申鄭答客問諸篇，把他的眞學問，眞力量暢盡的說了，於是他的地位方才漸漸有提高的樣子。

宋史儒林傳裏也有他的傳文，但只有寥寥的三百餘字，極浮淺的把他說了。宋元學案裏更少了，連了他的從兄鄭厚，只有三十一字（卷四十六鄭漁仲條）。他的兒子翁歸爲他做的家傳，已失傳了好久了。所以我們要曉得他的事實，很不容易。幸而有殘本的

(309)

圖一　顧頡剛〈鄭樵傳〉（《國學季刊》第 1 卷第 1 期，1923 年）

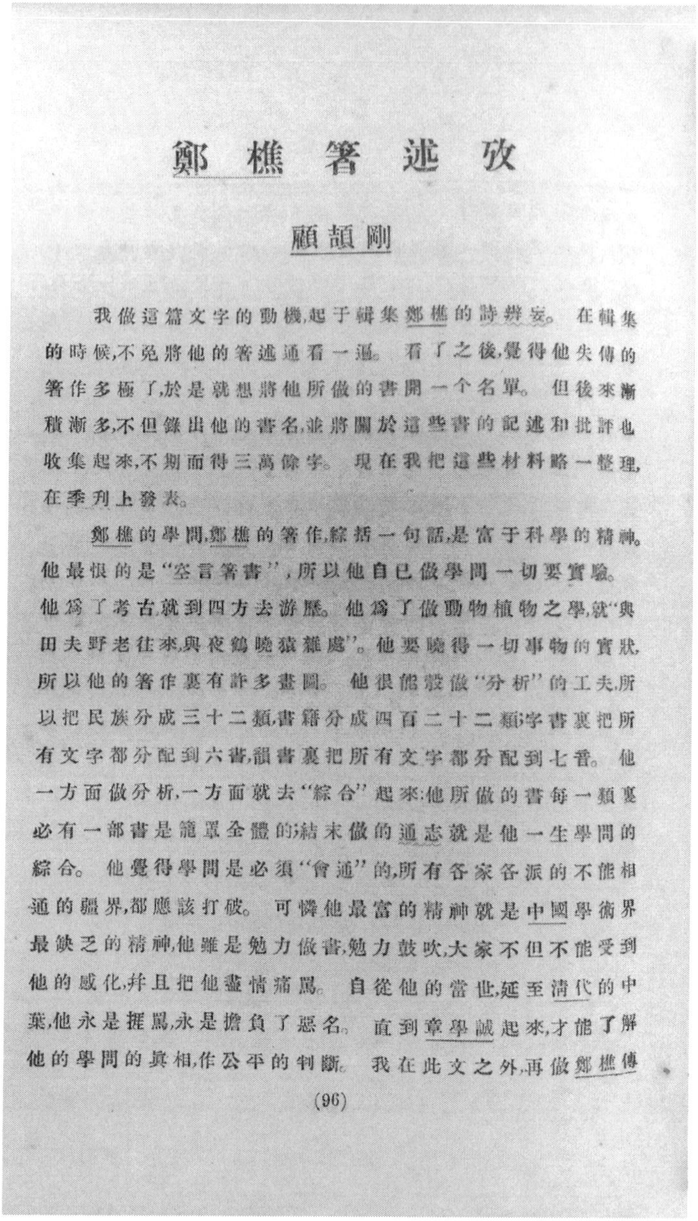

鄭 樵 箸 述 攷

顧 頡 剛

　　我做這篇文字的勤機,起于輯集鄭樵的詩弅妄。在輯集的時候,不免將他的箸述通看一遍。看了之後,覺得他失傳的箸作多極了,於是就想將他所做的書開一個名單。但後來漸積漸多,不但錄出他的書名,並將關於這些書的記述和批評也收集起來,不期面得三萬餘字。現在我把這些材料略一整理,在季刊上發表。

　　鄭樵的學問,鄭樵的箸作,綜括一句話,是富于科學的精神。他最恨的是"空言箸書",所以他自已做學問一切要實驗。他為了考古,就到四方去游歷。他為了做動物植物之學,就"與田夫野老往來,與夜鶴曉猿雜處"。他要曉得一切事物的實狀,所以他的箸作裏有許多畫圖。他很能發做"分析"的工夫,所以把民族分成三十二類,書籍分成四百二十二類,字書裏把所有文字都分配到六書,韻書裏把所有文字都分配到七音。他一方面做分析,一方面就去"綜合"起來:他所做的書每一類裏必有一部書是籠罩全體的,結末做的通志就是他一生學問的綜合。他覺得學問是必須"會通"的,所有各家各派的不能相通的疆界,都應該打破。可憐他最富的精神就是中國學術界最缺乏的精神,他雖是勉力做書,勉力鼓吹,大家不但不能受到他的感化,并且把他盡情痛罵。自從他的當世,延至清代的中葉,他永是捱罵,永是擔負了惡名。直到章學誠起來,才能了解他的學問的真相,作公平的判斷。我在此文之外,再做鄭樵傳

(96)

圖二　顧頡剛〈鄭樵著述考〉

（《國學季刊》第 1 卷第 1、2 期，1923 年）

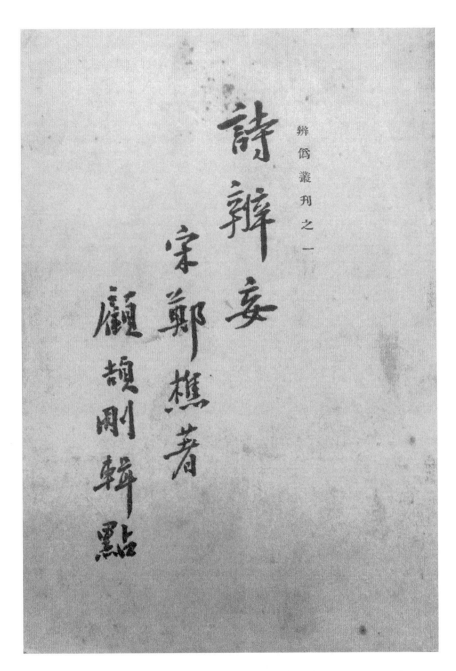

圖三　鄭樵著，顧頡剛輯點《詩辨妄》（樸社，1933 年）

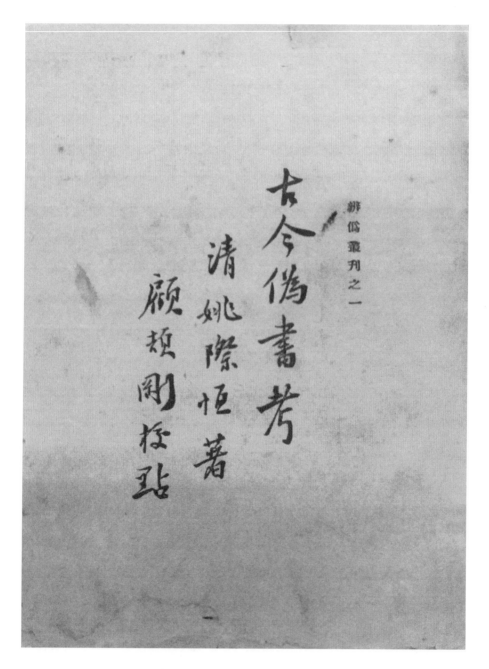

圖四　姚際恆著，顧頡剛校點《古今偽書考》（樸社，1929 年）

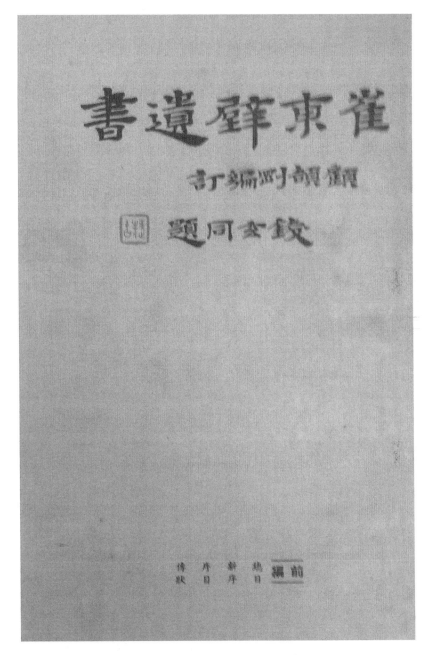

圖五 顧頡剛編《崔東壁遺書》（亞東圖書館版，1937年）

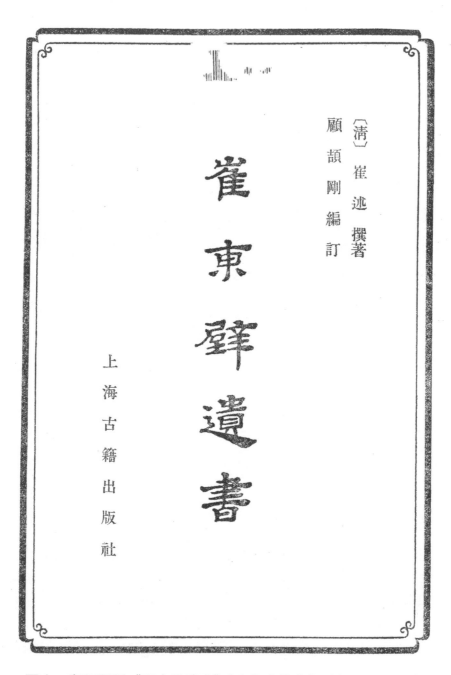

圖六　顧頡剛編《崔東壁遺書》（上海古籍出版社版，1983 年）

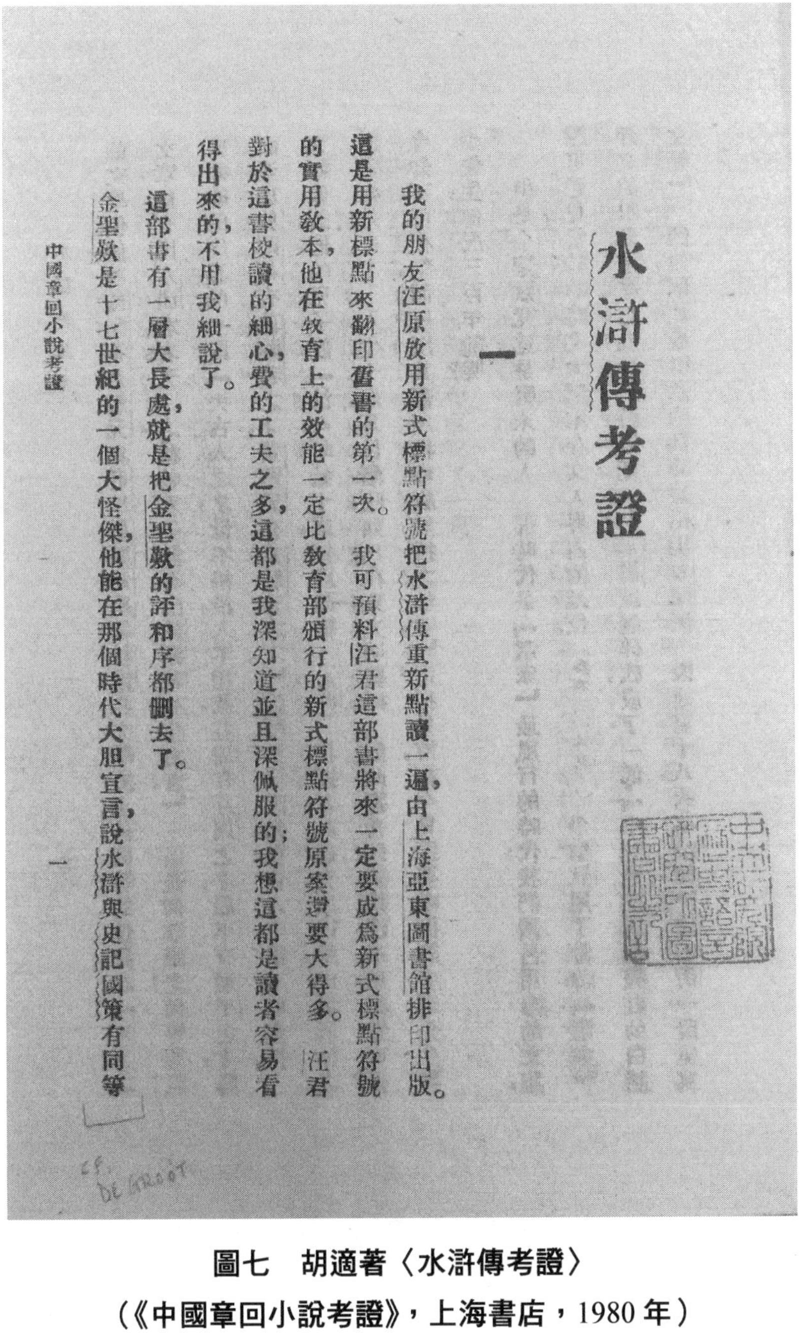

水滸傳考證

一

我的朋友汪原放用新式標點符號把水滸傳重新點讀一遍，由上海亞東圖書館排印出版。這是用新標點來翻印舊書的第一次。我可預料汪君這部書將來一定要成為新式標點符號的實用教本，他在教育上的效能一定比教育部頒行的新式標點符號原案還要大得多。汪君對於這書校讀的細心，費的工夫之多，這都是我深知道並且深佩服的；我想這都是讀者容易看得出來的，不用我細說了。

這部書有一層大長處，就是把金聖歎的評和序都刪去了。

金聖歎是十七世紀的一個大怪傑，他能在那個時代大膽宣言，說水滸與史記國策有同等

中國章回小說考證　一

CF. DE GROOT

圖七　胡適著〈水滸傳考證〉

（《中國章回小說考證》，上海書店，1980 年）

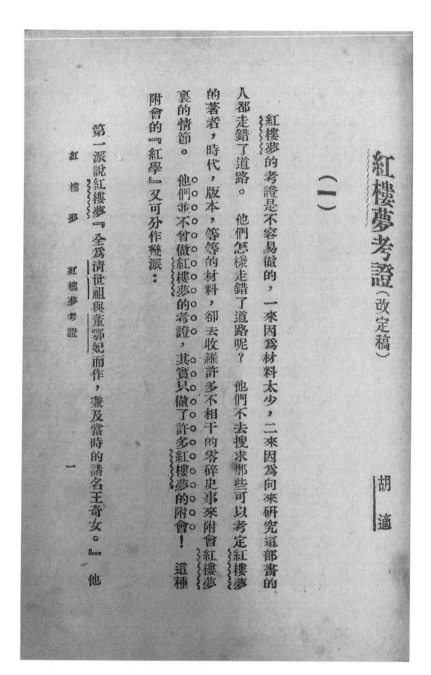

紅樓夢考證（改定稿）　胡適

（一）

紅樓夢的考證是不容易做的，一來因爲材料太少，二來因爲向來研究這部書的人都走錯了道路。他們怎樣走錯了道路呢？他們不去搜求那些可以考定紅樓夢的著者，時代，版本，等等的材料，卻去收羅許多不相干的零碎史事來附會紅樓夢裏的情節。他們並不曾做紅樓夢的考證，其實只做了許多紅樓夢的附會！這種附會的『紅學』又可分作幾派：

第一派說紅樓夢『全爲清世祖與董鄂妃而作，兼及當時的諸名王奇女。』他

紅樓夢　紅樓夢考證　一

圖八　胡適著〈紅樓夢考證〉（亞東圖書館，1927 年）

自序

　　我之所以注意到顧頡剛學術的特色，是因為一九七五年進入東吳大學中國文學研究所碩士班後，屈萬里老師所給的碩士論文的題目《豐坊與姚士粦》，那是一個考辨偽書的論題。明中葉以來作偽書的風氣很盛，豐坊為了提倡漢學，作了許多偽書，偽書中有《子貢詩傳》和《申培詩說》二書，我在收集資料時，發現姚際恆的《古今偽書考》，書中以為這兩部書的作偽者都是豐坊。顧頡剛最重視《古今偽書考》一書，認為是國學最佳入門書。他在十七歲時就讀了《古今偽書考》，並作了一篇很長的跋，後來又校點《古今偽書考》。也因為我的學術興趣在考辨歷代經籍，和姚際恆、顧頡剛都很接近，此後我讀了顧頡剛的《古史辨》，並編輯完成《姚際恆著作集》，這個學術因緣就由此開始。

　　一九八七年我開始撰寫升教授的論文《清初的群經辨偽學》，該書討論清朝初年十多位重要的辨偽學家，其中一位就是姚際恆。顧頡剛知道姚際恆有《古今偽書考》，但他所作的《清人著述考》中並沒有提到姚際恆曾經作《九經通論》，胡適看了顧氏的《著述考》以後，發覺不可忽略姚際恆這個人，希望他能蒐集《九經通論》。顧頡剛一直把這件事放在心上，但是蒐集的過程並不順利，僅蒐集到姚際恆的《詩經通論》，顧氏已加以標點。另外買來的抄本有《春秋通論》和請人抄寫的《儀禮通論》，兩書都借給馬幼漁（1878-1945），至今不知去向。另外《禮記通論》，杭世駿的《續禮記集說》有引文

二十多萬字，胡適說要請錢玄同輯佚出來，至今尚未見到。姚際恆的九本《通論》，顧頡剛能確實把握的也只有《詩經通論》一書，他寫信跟胡適報告這個情況，胡適並沒有回信。

　　一九九三年中央研究院中國文哲研究所執行「姚際恆研究計畫」，出版《姚際恆著作集》六冊，第一冊收錄顧頡剛點校的《詩經通論》，第二冊收錄《古文尚書通論輯本》、《禮記通論輯本（上）》二書，第三冊收《禮記通論輯本（下）》，第四冊收《春秋通論》，第五冊收《古今偽書考》，第六冊收《好古堂書目》、《好古堂家藏書畫記》、《續收書畫奇物記》。這套《著作集》把顧頡剛未能輯佚出來的《禮記通論》和《古文尚書通論》請人抄錄點校出來，《春秋通論》也收錄進去。可說替顧頡剛完成了他未了的心願。民國以來，學者中最表彰姚際恆的，應該是胡適和顧頡剛，沒想到兩人卻因《周易》〈繫辭傳〉中聖人觀象制器的故事，意見有所不同，兩人也因此漸行漸遠。

　　二〇〇七年中央研究院中國文哲研究所經學文獻組，為執行「民國以來的經學研究計畫——變動時代的經學與經學家」，曾組團到上海、北京訪查經學家的遺蹟。七月二十六日到顧頡剛在北平乾麵胡同的舊居參觀，恰好顧頡剛先生的長期助理王煦華先生也在，他正在校對《古籍考辨叢刊》第二集，當時他拿了第三集的收書目錄給我看，僅有書名沒有版本，我想正式出版應該還要一段時間。二十七日，我和車行健教授接顧潮女士到我們下榻的賓館，做了一個多鐘頭的訪問，並跟顧女士提到我們執行的「民國以來經學研究計畫」，將在二〇一〇年年底結束，擬於十一月四日的學術研討會最後一場座談會中，邀請數位經學家的後代來談談他們的親人。起先顧潮不敢答應，說要問問童書業的女兒童教英才能決定。後來通信中兩人都同意來參

加。這次參加座談會的有顧頡剛的女兒顧潮女士、童書業的女兒童教英女士、張西堂的兒子張銘洽先生、聞一多的孫子聞黎明先生四人。座談會進行中有許多人跟顧潮提問，顧潮會後跟我說，我們在大陸只是個平民，沒有人理我們，在臺灣反而受到這樣的重視，我很感訝異。同時又說，她在編輯《顧頡剛全集》時，在〈書信集〉中發現顧頡剛給屈萬里先生的三封信，不知我是否知道這件事？回臺灣後我只找到兩封，就寄去給她。二〇一二年《顧頡剛全集》出版時，顧潮也送給我一套。

在我閱讀研究顧頡剛的著作中，發覺對顧氏所受前人影響的這個議題，深入加以論述的還不多。我想如果有一本討論顧頡剛與前代學者關係的書，既簡單又明瞭，對研究顧頡剛及其與當代學術的關係應該有所幫助。因此我把這十年來所撰寫的論文：〈顧頡剛與鄭樵〉、〈顧頡剛與姚際恆〉、〈顧頡剛與錢玄同〉三篇收錄進來，另補寫了〈顧頡剛與崔述〉、〈顧頡剛與胡適〉兩篇，總共五篇，再撰寫〈導言〉七千字，編輯成冊，命名為《顧頡剛的學術淵源》。這本書論述的原則：一是對顧頡剛所受前人的影響深入的論析，以見顧氏學術思想的來源；二是對影響顧頡剛的學者，他們學術的特色做較全面的討論，以免認知有所偏頗。在撰寫的過程中，我認為大家對顧頡剛的認識僅限於疑古辨偽這個領域，對於顧頡剛的圖書編輯學，例如如何編輯一部資料既完備，條理又清楚的古人作品全集，顧氏有他相當完備的編輯方法，又如何從現有的典籍中，將古代學者已亡佚的書籍輯佚出來，他有自己的一套看法，也有值得我們學習的地方。顧氏對這兩個問題的高見，本書也有所褒美，這才能看出顧氏對圖書文獻學的貢獻。

這十多年來研究顧頡剛，我也撰寫了幾篇顧氏討論經學的論文，

如〈顧頡剛論《詩序》〉、〈顧頡剛的經學觀〉，實為不成熟之作，但仍有參考價值，乃附於本書末，以供參考。中央研究院中國文哲研究所的張文朝教授，他幫我到中央研究院圖書館代借我所需要的書。此外，黃智信學弟協助處理書前圖版的拍照工作。茲在此表達誠摯的謝意。本書將完稿之際，我的眼壓超過正常值三倍以上，視力模糊，閱讀打字多有困難，幸得內子陳美雪教授鼎力相助，始能完稿付梓。夫妻之情本不必言謝，在此記上一筆，為免將來遺忘。

林慶彰誌於臺北士林磺溪街知魚軒

二〇一七年七月二十日

目次

第一章
導言

　　劉逢祿作《左氏春秋考證》，否定《左傳》的經書地位，認為是劉歆偽作，懷疑古代史籍記載的真實性和所題作者的正確性的學者越來越多，其中以主編《古史辨》的顧頡剛的攻擊火力最猛，影響也最大。顧頡剛的《古史辨》的觀點是在什麼學術環境下形成的？受了哪些人的影響？這並非新發現的論題，可惜，除了幾篇論文之外，系統性的專著還未見到。筆者所服務的中央研究院中國文哲研究所於二〇〇七年一月起開始執行為期四年的民國時期經學研究計畫，共召開八次學術研討會，發表論文一百四十多篇，許多以前被忽略的經學家受到特別的關注，如：吳闓生、曾運乾、陳柱、黃節、陳漢章、馮玉祥、劉咸炘、蔣伯潛、陳鼎忠等人，都有學者發表論文。但對顧頡剛學術的淵源這個論題卻未見有學者發表高論，心中未免有些不平。[1]

　　顧頡剛的學術受到誰的影響，他在某些著作裡已多次談到，茲引一段話來說明：

> 我的學術工作，開始就是從鄭樵和姚、崔兩人來的。崔東壁的書啟發我傳、記不可信，姚際恆的書則啟發我不但傳、記不可信，連經也不可盡信。鄭樵的書啟發我做學問要融會貫通，並

---

1 民國時期經學研究計畫的研究成果已於2014年12月，由萬卷樓圖書公司出版，計有7冊。第1冊《周易、尚書研究》，第2冊《詩經研究》，第3冊《三禮、小學研究》，第4冊《春秋、四書研究》，第5冊《經學史研究》，第6冊《經學家研究》，第7冊《經學家研究》。

引起我對《詩經》的懷疑。所以我的膽子越來越大了，敢于打
倒經和傳、記中的一切偶像。我的《古史辨》的指導思想，從
遠的來說，就是起源于鄭、姚、崔三人的思想，從近的來說，
則是受了胡適、錢玄同兩人的啟發和幫助。[2]

可見顧頡剛的學術，受到鄭樵、姚際恆、崔述三位古人，胡適、錢玄
同兩位當代人影響。現在，就依時代先後，將顧氏所受的影響和顧
氏整理三人著作的成果，略加說明，以見古今學術發展的脈絡和傳承
的關係。

一　鄭樵（1104-1162）

鄭樵是南北宋間福建莆田人，一生除了博覽群書之外，還十分重
視考察，最恨的是空言著書。他覺得各科學問必須會通，打破各家各
派不能相通的限制，綜合一生的學問，編成一部《通志》。《通志》有
歷史紀傳的部分，他把《史記》到《五代史》的史事放進一部書中，
把本來不相通的十七部史書打通了。《通志》的〈二十略〉，從聲音、
文字、制度、書籍、校讎，到鳥獸、草木，有他研究的特色。顧頡剛
很欣賞鄭樵的《通志》，他說：這部書不僅涉及的範圍非常廣闊，而
且很有批判精神，是一本有創見的大著作。綜合來說，《通志》是一
本會通諸書的百科全書，顧頡剛治學的博通精神，即受鄭樵《通志》
的影響而來的。

鄭樵另有一部書叫《詩辨妄》，對齊、魯、韓、毛四家解釋《詩

2　顧頡剛：〈我是怎樣編寫《古史辨》的？〉，《我與古史辨》（上海市：上海文藝出版
　　社，2001年1月），頁197。

經》的說法都有批判。鄭樵是不信《詩序》的，他的觀點影響到朱熹對《詩序》的態度，不但把他的《詩集傳》原本廢去，以新的觀點解釋詩篇，更作一本《詩序辨說》，每一首詩的說法都提出檢討。

二　姚際恆（1647-？）

姚際恆本籍是安徽新安人，因常在杭州活動，大家遂以為他是杭州人。他著有《庸言錄》、《古今偽書考》、《好古堂家藏書畫記》、《好古堂書目》、《九經通論》（包括《易傳通論》、《古文尚書通論》、《詩經通論》、《周禮通論》、《儀禮通論》、《禮記通論》、《春秋通論》、《論語通論》、《孟子通論》）。《九經通論》今僅存《詩經通論》、《儀禮通論》、《禮記通論》（輯本）、《春秋通論》（殘本）。

由於當時考辨經書和歷代經說的風氣甚盛，如黃宗羲、顧炎武、毛奇齡、萬斯大等人都有重要的辨偽著作，姚際恆治學的特色，就是疑古辨偽，姚際恆這種學術風格與當時的學風相吻合。本來清初的辨偽學者，他們有一部分時間，是用來聚會，互相討論辨偽的心得，姚際恆一知道有聚會的消息，就來跟他們一起討論問題。[3]

在影響顧頡剛的三位古人中，顧氏很早就注意到姚際恆。顧頡剛在十六歲時著《清代著述考》，胡適跟他借來參考，他發現清代姚際恆的著作並沒有收進去，寫信告訴顧頡剛要將姚際恆的著作收入《清代著述考》中。顧氏在十幾歲時已讀過姚際恆的《古今偽書考》，並為該書作了一個長跋。顧頡剛在《古今偽書考》〈序〉說到，他在二十歲以前，在學術上所受到兩次的大震盪，第一次是讀了《國朝先正

3　見林慶彰著：〈毛奇齡、李塨與清初的經書辨偽活動〉，《第二屆清代學術研討會論文集》（高雄市：國立中山大學中國文學系，1991年11月），頁123-144。收入《清代經學研究論集》（臺北市：中央研究院中國文哲研究所，2002年8月），頁1-36。

事略》中的〈閻若璩傳〉，第二次就是這一回，讀了一本《古今偽書考》。顧氏讀後有相當的感受，他說：

> 他敢于提出古今一個名目，敢于把人們不敢疑的經書（易傳、孝經、爾雅等）一起放在偽書中，使得初學者對著一大堆材料，茫無別擇，最易陷于輕信的時候，驟然聽到一個大聲的警告，知道故紙堆裡有無數記載不是真話，又有無數問題未經解決，則這本書實在具有發聾振聵的功效。所以這本書的價值，不在它的本身的研究成績，而在它所給予初學者的影響。[4]

利用古籍來作研究，不免會碰到真偽問題，而中國古籍那麼多，如果沒有一本入門書，初學者將不知如何入門。顧氏認為《古今偽書考》是初學者的最佳入門書。

民國二十一年（1932）顧頡剛南下省親，兼為燕京大學圖書館洽購崔永安藏書，發現有《儀禮通論》抄本，顧氏徵得崔先生同意，遂請書手抄出一部。六月初回北京，顧氏抄本因馬幼漁教授借讀，馬先生故世，遂存亡不明。一九九五年中國社會科學院歷史研究所陳祖武所長在該所圖書館發現顧氏抄本，陳所長乃加以點校，一九九六年由中國社會科學出版社出版。[5]

顧頡剛一直想為姚際恆編輯《姚際恆遺書彙輯》，但因當時姚氏著作發現的還不多，所以未能如願。一九九〇年起，我所服務的中央研究院中國文哲研究所開始執行「姚際恆研究計畫」，首先是姚氏書

4　見《古今偽書考》，卷前，頁1-2。收入顧頡剛編：《古籍考辨叢刊》第1集（北京市：中華書局，1955年11月）。

5　陳祖武著：〈姚際恆《儀禮通論》未佚〉，《經學研究論叢》第4輯（臺北市：聖環圖書公司，1996年4月），頁177-180。

的輯佚，仍存有佚文的有《古文尚書通論》、《禮記通論》二書。閻若璩的《尚書古文疏證》中引用姚氏《古文尚書通論》有二十六條，我請張曉生先生輯出。杭世駿（1696-1773）的《續禮記集說》中引用姚氏《禮記通論》二十多萬字，一九七八年，顧頡剛已八十六歲，仍念念不忘他要完成的《姚際恆遺書彙輯》，顧潮編著的《顧頡剛年譜》，記載：「九至十一月，為編輯《姚際恆遺書彙輯》，由杭世駿《續禮記集說》中鈔出姚際恆《禮記通論》，又擬定〈鄭樵及其著述〉目錄。」一九七九年記載：「一至二月，為編輯《姚際恆遺書彙輯》，點勘姚氏《禮記通論》。」[6]可見，顧氏在生命的最晚年仍舊掛心他的姚際恆遺書，甚至親自輯佚點勘。一九九四年四月我們執行的「姚際恆研究計畫」結束，並出版《姚際恆著作集》[7]，為顧氏了了一番未完成的心願。

三　崔述（1740-1816）

崔述是清乾隆時代河北大名人，他是清乾嘉考據學的邊緣人，在那個時代，他認識的學者僅僅一人，因此很少人會提到他。他的學生陳履和在清道光四年（1824）幫崔述刻《崔東壁遺書》是崔氏受到關注的開始，日本漢學家那珂通世[8]將陳履和刊本加上標點，後來顧頡

6　見顧潮編著：《顧頡剛年譜》（北京市：中國社會科學出版社，1993年3月），頁395。

7　《姚際恆著作集》由林慶彰主編，共6冊。各冊內容如下：第1冊《詩經通論》（顧頡剛點校），第2冊《古文尚書通論輯本》（張曉生輯點）、《禮記通論輯本（上）》（簡啟楨輯點）；第3冊《禮記通論輯本（下）》（簡啟楨輯佚，江永川標點）；第4冊《春秋通論》（張曉生點校）；第5冊《古今偽書考》（童小玲彙集）；第6冊《好古堂書目》（林慶彰標點）、《好古堂家藏書畫記》（林耀椿點校）、《續收書畫奇物記》（林耀椿點校）。

8　那珂通世的生平資料，可多考田中正美〈那珂通世〉一文，收入江上波夫編：《東

剛在胡適的協助下，找到各種版本的《崔東壁遺書》。

　　崔述著作中的《考信錄》計有十四種，是顧頡剛心目中最了不起的書，日以繼夜的點讀，他發現崔氏對經的觀點非常傳統，對後人的傳、記則持懷疑態度。這點顧頡剛很不能贊同，但對崔述傳、記不可信的觀點，則謹記在心。

　　顧頡剛覺得陳履和刊本的資料不夠完備，準備重編，他和胡適收集崔述本人的遺文和家屬的相關著作，再加上後來學界對崔述的評論。這部書於民國十五年（1926）點校完畢，民國二十六年（1937）才由上海亞東圖書館出版，所收資料增加四分之一。亞東版《崔東壁遺書》出版以後，顧頡剛不太滿意，指示弟子重加校訂，或抽換文章，或調整順序，或增補資料，然後最明顯的例子是，亞東版的〈顧頡剛序〉只有六頁，上海古籍版的〈序〉長達七十一頁，是一本簡明的辨偽學史。這部新版的《崔東壁遺書》，於一九八三年六月由上海古籍出版社出版，此時距顧氏過世的一九八〇年十二月二十五日，已將近三年，在地下有知的顧氏，對這個版本不知滿意否？

　　顧氏在談完姚際恆和崔述以後，又說：

　　　　從姚際恆牽引到崔東壁，我們懷疑古史和古書中的問題又多起
　　　　來了。在崔氏信經而重新審查了傳記裡的資料的基礎上，我們
　　　　進一步連經書本身也要走著姚際恆的路子，去分析它的可信程
　　　　度。這就是古史辨的產生過程。[9]

洋學の系譜》（東京市：大修館書店，1992年11月），頁1-12。此書已有林慶彰譯本，改名為《近代日本漢學家》第1集（臺北市：萬卷樓圖書公司，2015年7月），那珂氏的資料見頁1-9。

9　見顧頡剛：〈我是怎樣編寫《古史辨》的？〉，《我與古史辨》，頁194。

由於崔述是相信經，對傳、記則採懷疑的態度，顧氏因受到姚際恆的影響，開始分析經書的可信度。他對經典作者、作成時代和內容真偽的考辨，是要取消經典的權威，而顧氏最終的目的是要消滅經典。

四　錢玄同（1887-1939）

　　錢玄同在大家的印象中，他是個國語運動的推動者，以他的行事來看，他又是文學革命的急先鋒。又因他的老師一位是古文家章太炎，另一位是今文家崔適，使他有機會徹底了解今古文的優劣點，重新來審視經學，他認為辨偽，辨偽事比辨偽書更重要。辨偽事即指古書所述不合理的事蹟，這就指出了當時古史考辨運動的方向。

　　顧頡剛曾說，他的古史考辨的思想，從近的來說，是受胡適和錢玄同兩人的影響。從民國九年（1920）起，胡適和顧頡剛開始蒐集整理姚際恆的著作，民國十年（1921），錢玄同寫信給胡適，談到辨偽書要從王充起，至崔適止，顧頡剛到胡適家看到這封信，於是就給錢玄同寫了一封信，討論辨偽書時，辨偽事與辨偽書何者重要，兩人書信往來互相辯論此事。

　　顧頡剛與錢玄同來往的信中，有部分提到六經的性質問題，錢玄同以為六經中最不成東西的是《春秋》，但因孟子的表彰，除劉知幾外，大家都不敢批評它。又認為兩千年來學者研究六經，以漢儒最糟。他們不但真偽不辨，且還作偽。清儒以為漢儒去先秦未遠，其說必有所受，實在是上了漢儒的當。顧頡剛則認為《詩經》與孔門沒有關係，將反傳統的《詩經》著作，加以輯佚和整理，當時正在著手的是輯錄鄭樵的《詩辨妄》。

　　顧頡剛的「古史層累說」改變了史學研究的方法，其實，從他與錢玄同往來的書信中可知，顧頡剛這個觀念是與錢玄同互相討論而逐

漸形成的。民國十年（1921）一月二十一日，顧頡剛給錢玄同的信中談到，辨偽是專注在偽書上還是要兼及偽事。一月二十七日錢玄同給顧頡剛的回信，明確的告訴顧頡剛辨偽事比辨偽書更重要。後來顧頡剛的「古史層累說」應該追溯到他們兩人這次的通信。同年十一月五日，顧頡剛給錢玄同的信中提到舜有關孝的事蹟是慢慢附加上去的，這就是「古史層累說」最明顯的例子，只是沒有直接說出「層累」這個名詞而已。民國十二年二月二十五日，顧頡剛在給錢玄同的信中說：「先生囑我為《國學季刊》作文，我也久有這個意思。我想做的文是〈層累地造成的中國古史〉。」在這封信裡，顧氏正式宣布了他的「古史層累說」，後人以為「古史層累說」是顧頡剛獨自的創見，似乎與事實略有不合。

五　胡適（1891-1962）

胡適在民國六年七月回國，九月被聘為北京大學教授，民國八年十一月寫了〈新思潮的意義〉強調古代學術思想缺乏系統整理。民國十二年（1923）一月，胡適擔任《國學季刊》編輯主任，發表《國學季刊》發刊宣言，提出整理國故要特別謹慎。後顧頡剛等人整理古代典籍和點校歷代疑古辨偽的書籍，都是受這個觀念的啟發而來。

胡適在北大開的課是「中國哲學史」，他從《詩經》〈大雅〉講起，與之前陳漢章所開的「中國哲學史」，從唐、虞、夏、商講起，大不相同。學生反映評價不一，顧頡剛以為截斷眾流，頗震撼人心，他要傅斯年也來聽課，傅氏也同意他的看法。胡適除了對顧頡剛學術的啟發之外，在生活上可以說是顧氏經濟上的守護神，顧頡剛擔任北京大學圖書館員時，每月的薪水是五十元，但是加上顧氏老家的開

銷，一個月必須要八十元才夠用，胡適就每月貼給他三十元，讓他能安心工作讀書，後來顧頡剛每次轉換工作都得到胡適的幫助，足見胡適對顧氏的關愛之情。

　　胡適為了貫徹他疑古辨偽和國故整理的理念，要求顧頡剛點校姚際恆的《古今偽書考》，並蒐尋姚際恆的《九經通論》。顧頡剛搜尋到的有《詩經通論》，他曾加以點校出版。其次是《儀禮通論》和《春秋通論》，是從藏書家那裡抄來的，後來他把這兩抄本借給馬幼漁，竟不知去向。姚際恆的《禮記通論》雖已亡佚，但杭世駿的《續禮記集說》保存他的遺文有二十多萬字，顧氏念茲在茲要把他輯出來，但到一九八〇年顧氏過世時，還未能完成。這《九經通論》顧氏僅知有四種，整理點校完成的只有一種，可說有負胡適所託。王汎森教授在所著《古史辨運動的興起》一書中說，胡適對顧頡剛的影響有兩點：一是治學方法，二是截斷眾流。[10]在治學方法上，顧氏確實受胡適的影響很深，譬如用進化論的觀點來研究中國的歷史，這與「古史層累說」有異曲同工之妙。胡適用考證的方法來研究古典小說，得到前所未有的成果。顧氏利用這種方法來研究古代的歷史事件，也有很好的成績。可惜這對情同父子的師生，因為《周易繫辭傳》中的「觀象制器」的事，雙方有異見，這是他們學術觀點分歧的開始。兩人看法雖則不一，但顧氏仍執弟子之禮甚恭。民國三十七年（1948），胡適要回北平時，顧氏曾寫信請他向馬幼漁詢問《儀禮通論》和《春秋通論》的去向，可見顧氏對胡適心中並無芥蒂，但胡適並未回信。至於文革前顧氏對胡適的種種批評，應是違心之論，情非得已。

　　上述五位古今人，顧氏從他們的著作或身上各得到一部分學問的啟發。此外，顧氏也常提到他對晚清今古文之爭的看法，今文學對顧

---

10 王汎森著：《古史辨運動的興起》（臺北市：允晨文化實業公司，1987年4月），頁40-41。

頡剛的影響有多少，這個論題非常重要，因為民國時期的學者，像梁
啟超、崔適、錢玄同等人自認為是今文學家的並不多，而是不屬於今
古文學家，卻帶有今文家的理論色彩的很是不少，如顧頡剛、周予同
等都是。顧頡剛在《古史辨》第一冊自序說：

> 我當時願意在經學上做一個古文家，只因聽了太炎先生的話，
> 以為古文家是合理的，今文家則全是些妄人。但我改不掉的博
> 覽的習性總想尋找今文家的著述看它如何壞法。果然《新學偽
> 經考》買到了。翻覽一過，知道它的論辨的基礎完全建立于歷
> 史的證據上，要是古文的來歷確有可疑之點，那麼，康長素先
> 生把這些疑點列舉出來也是應有之事。因此，使我對於今文家
> 平心了不少。[11]

顧氏緊接著又說：

> 後來又從《不忍雜誌》上讀到《孔子改制考》，第一篇論上古
> 事茫昧無稽，說孔子時夏殷的文獻已苦於不足，何況三皇五帝
> 的史事，此說即極愜心屬理。下面彙集諸子託古改制的事實，
> 很清楚地把戰國時的學風敘述出來，更是一部絕好的學術史。
> 雖則他所說的孔子作六經的話我永不能信服，但六經中參雜了
> 許多儒家託古改制的思想是不容否認的。我對於長素先生這般
> 的銳敏的觀察力，不禁表示十分的敬意。我始知道古文家的詆
> 毀今文家大都不過為了黨見，這種事情原是經師做的而不是學
> 者做的。我覺得在我沒有能力去判斷他們的是非之前，最好對

---

11 見《古史辨》，第1冊〈自序〉，頁26。

於任何一方面也不要幫助。於是我把今古文的問題暫時擱起了。[12]

顧頡剛的自白已經很清楚了。顧頡剛的兩個弟子的說法，也可供我們參考，楊向奎曾說過：

顧先生是今文學派學者，他告訴我們《左傳》是一部假書。[13]

劉起釪也說：

我確信顧先生關於《春秋》、《公羊》、《穀梁》、《左傳》、《國語》的考辨意見，特別是對《春秋》和《左傳》二書許多具體情況的研究論斷，精闢絕倫，必將成為不刊之論。但其立論的中心要旨在承清季今文學派自劉逢祿、龔自珍以下，直至廖平、康有為、崔適諸人的學說，揚其餘緒。諸人始發其論，為學尚見空疏，顧先生為之條分縷析，充實論證，辨說周詳，體系完密，其立論遠在諸人之上。其說核心在闡發漢今文家所唱《左氏》不傳《春秋》之語，其所持論則主要在襲用劉逢祿之說，……以為《左傳》係劉歆改《左氏春秋》而成。這是清末以來今文家一家之說，顧先生不是今文家，有些地方，還很不同意今文家，但在這個問題上卻全承襲了今文家。[14]

---

12 《古史辨》，第1冊〈自序〉，頁26。

13 見楊向奎述，李尚英整理：《楊向奎學述》（杭州市：浙江人民出版社，2000年1月），頁15。

14 劉起釪：〈後記〉，收入顧頡剛講授、劉起釪筆記：《春秋三傳及國語之綜合研究》（成都市：巴蜀書社，1988年），頁116-117。

劉起釪所做的分析比較客觀，顧頡剛雖不是今文家，但對有關《左傳》問題及其成書的觀點，是完全受到晚清今文學家的影響。

　　有關顧頡剛和今文學理論的繼承關係，為何顧氏不能同意今文家所說六經皆孔子所作的說法？本書限於時間，無法詳論。將來擬另作一文，以補不足。

　　當時學者除了胡適、錢玄同外，顧頡剛最佩服的是王國維。民國九年（1920）顧氏在北京大學圖書館擔任編目員。圖書館的藏書很豐富，天天沉浸其中，自覺學問進步很多，他說：

> 從中得益最多的是羅振玉和王國維的著述，他們的求真精神，客觀的態度，豐富的材料，博洽的論辯，使我的眼界從此又開闊了許多。[15]

又由於最佩服王國維，在他民國十二年（1923）三月六日的日記記載他夢見與王靜安先生攜手同行[16]，民國十三年（1924）三月三十一日的日記記載他夢見與王國維一起同座吃飯，他說：

> 予近年之夢，以祖母死及與靜安先生游為最多。……靜安先生則為我學問上最佩服之人也。[17]

顧頡剛雖然佩服王國維的學問，但是哪方面的學問，顧氏並沒有說清楚，這還有待後人進一步探討。

　　本書所討論的顧頡剛的學術淵源，是對他有很深影響的五個人。

15　顧頡剛著：〈我是怎樣編寫《古史辨》的？〉，《我與古史辨》，頁200。
16　《顧頡剛日記》，第1卷（1913-1926），頁333。
17　《顧頡剛日記》，第1卷（1913-1926），頁471。

其中鄭樵、姚際恆、崔述三位古人，因受當時國故整理風氣的影響，所以顧氏帶著回饋的心理，也對他們的文獻做了徹底的整理，整理內容包括：（1）蒐集傳記資料作成生平考述，如顧頡剛的〈鄭樵傳〉、胡適的〈科學的古史家崔述〉。（2）蒐集著述資料撰成著述考，如顧頡剛的〈鄭樵著述考〉。（3）著作點校，如顧頡剛的校點姚際恆的《古今偽書考》，校點崔述的《考信錄》。（4）抄錄著作，如顧頡剛請人抄錄《儀禮通論》和《春秋通論》。（5）著作輯佚，如顧頡剛輯鄭樵的《詩辨妄》。（6）編輯著作全集，如顧頡剛編輯崔述的《崔東壁遺書》。（7）探討學術思想，如顧頡剛所撰〈鄭樵對於歌詞與故事的見解〉。以上七點可以看出顧氏對整理國故所費的心力，這種整理的方法可作為後人整理國學資料的一種示範。這點以前討論顧頡剛的著作大都沒有論及。所以閱讀本書不但可以確實了解顧氏學術思想的淵源，更可以知道這五人學術的特色，可謂「窺一斑而知全豹」也。

第二章
顧頡剛與鄭樵

一　前言

　　鄭樵（1104-1162）號漁仲，福建興化軍莆田縣人。生於宋徽宗崇寧三年（1104），卒於高宗紹興三十二年（1162），是南北宋之交的學者。他是宋代反傳統學者中最大膽的一位，他研究《詩經》時，認為《詩序》是「村野妄人」所作，徹底把《詩序》的說法加以推翻，對漢代的《毛傳》、《鄭箋》，則作徹底地刪削。鄭樵的說法，在南宋時代起了革命性的影響。首先朱子接受他的觀點，把以前遵從《詩序》而作的《詩集傳》全部廢棄，另作反《詩序》的《詩集傳》和《詩序辨說》，形成宋人的反《詩序》運動。鄭樵的說法為朱子派學者所吸收，但他的地位並沒有相對的提高。他的說法隨著時代的變遷，受到如馬端臨、《四庫全書總目》等相當嚴厲地批評，聲名也逐漸湮沒。

　　鄭樵和顧頡剛兩人的時間相差八百餘年，他們兩人的學術思想的特色如何？其間有無相互影響的關係？這都是本文想要討論的重點所在。全文分鄭樵學術思想的特色、鄭樵之學後代晦而不彰、顧頡剛研究鄭樵之經過、鄭樵對顧頡剛的影響四節加以討論。

二　鄭樵學術思想的特色

　　從漢代至唐代中葉的學術，可說是漢唐注疏的時代。唐中葉以

後，新學說開始萌芽。至宋仁宗慶曆（1041-1048）年間起，學風開始激烈的轉變，宋代學者對此一現象，早有描述，王應麟《困學紀聞》說：

> 自漢儒至於慶曆間，談經者守訓故而不鑿，《七經小傳》出，而稍尚新奇矣。至《三經義》行，視漢儒之學若土梗。[1]

所謂《三經義》，是指王安石和其子王雱所撰的《周官》、《尚書》、《毛詩》三書之新義。其所謂「新」，是相對於漢、唐注疏的「舊」來說的。所以視漢學如土梗，是因宋人認為漢儒的傳經不得聖人之本意。陸游也說：

> 唐及國初，學者不敢議孔安國、鄭康成，況聖人乎！自慶曆後，諸儒發明經旨，非前人所及，然排〈繫辭〉，毀《周禮》，疑《孟子》，譏《書》之〈胤征〉、〈顧命〉，黜《詩》之《序》，不難於議經，況傳注乎！[2]

可知，當時學者不但批評漢人，對漢人所傳的經書也採不信任的態度。此種風氣可說是一種反漢學的運動。

鄭樵在此種風氣下，受前人之影響乃是必然的事。如何能在前人的基礎上開出自己獨自的學術風格，自非有過人的識見不可。顧頡剛認為「鄭樵的學問、著作，綜括一句，是富於科學精神。」（〈鄭樵著述考〉）什麼是鄭樵的「科學精神」呢？顧頡剛並沒有詳細說明。但如果我們把鄭氏的治學過程加以詳細研究，至少有數點特色。

---

1 王應麟著，翁元圻注：《翁注困學紀聞》（臺北市：世界書局，1964年），卷8，〈經說〉，頁512。

2 《翁注困學紀聞》，卷8，〈經說〉，頁512。

（一）博學多聞以求會通

南宋的莆田本有不少藏書家，鄭樵都一一去求讀過，仍有所不足，只好到各地去求書，遇到藏書豐富的人家，他一定千方百計請求留宿借讀。這種搜求秘籍的工作，不僅僅是滿足他的好奇心理而已，對他後來著書的質量應有不少的幫助。

就他著作的數量來說，顧頡剛所作的〈鄭樵著述考〉列出六十四種，分為經旨之學、禮樂之學、文字之學、天文地理之學、蟲魚草木之學、方書之學、校讎之學、亡書之學、圖譜之學、通志、記事、文集、書目、附錄等十四類，凡涵蓋經、史、子、集四部。這還不包括後來再考證出來的二十種。[3]

除從著作的數量可以看出鄭樵的博學多聞外，也可以從他的《通志》看出鄭樵的學問功力。《通志》計二百卷，其中帝后紀傳二十卷、年譜四卷、二十略五十二卷、列傳一百二十四卷。〈二十略〉包括〈氏族略〉、〈六書略〉、〈七音略〉、〈天文略〉、〈地理略〉、〈都邑略〉、〈禮略〉、〈諡略〉、〈器服略〉、〈樂略〉、〈職官略〉、〈選舉略〉、〈刑法略〉、〈食貨略〉、〈藝文略〉、〈校讎略〉、〈金石略〉、〈災祥略〉、〈昆蟲草木略〉等。這二十略所涵蓋的範圍，比正史的書、志範圍還要大得多，像〈六書略〉、〈七音略〉、〈器服略〉、〈校讎略〉、〈昆蟲草木略〉，都可以說是一種專門學科史，鄭樵之博學多聞從這裡也可窺知一二。此外，鄭氏的博學並不是泛濫無所歸，他很能夠做分析的功夫，把廣博的學問分析成數十小類，讓它條理井然，如將民族分成三十二類，書籍分成四百二十二類；字書裡把所有文字都分配到〈六書〉，韻書裡把所有的文字都分配到〈七音〉。這種分析的功夫，

3　顧頡剛〈鄭樵著述考〉所考有六十四種。廈門大學歷史系鄭樵研究小組所考為八十四種。參見該小組撰：〈鄭樵史學初探〉，《廈門大學學報》1963年2期。

正可以看出鄭樵既博也能精。

鄭樵所以要博學多聞，是希望能做會通的工作，他曾感嘆班固以來會通之道已亡失，他說：

> 自班固以斷代為史，無復相因之義，雖有仲尼之聖，亦莫知其損益，會通之道，自此失矣！語其同也：則紀而復紀，一帝而有數紀；傳而復傳，一人而有數傳；天文者，千古不易之象，而世世作〈天文志〉；〈洪範〉五行者，一家之書，而世世序〈五行傳〉。如此之類，豈勝繁文！語其異也：則前王不列於後王，後事不接於前事；郡縣各為區域，而昧遷革之源；禮樂自為更張，遂成殊俗之政。如此之類，豈勝斷絕！（《通志》〈總序〉）

他認為各種斷代史沒有一貫的統系，前代與後代無法相貫通，而僅陳陳相因。為了避免此種弊病，應該作通史以求會通。如縮小範圍來看，各學科中原有的分家分派，也都要打破，才能窺見該科學間的真實面貌。鄭樵研究《詩經》，力求打破齊、魯、韓、毛四家的分別，以求取詩的真意，這就是一種會通的表現。

（二）批判傳統勇於創新

鄭樵的時代反傳統的風氣雖已漸開，但真能大開大合，拋棄傳統束縛，還是要數鄭樵本人。當時研究《詩經》，對《詩序》已多所批判，但仍處於依違之間，不敢斷然加以拋棄。鄭樵作《原切廣論》三百二十篇，專辨《詩序》之妄，他說：

> 學者所以不識詩者，以《大、小序》及毛、鄭為之蔽障也，作

　　《原切廣論》三百二十篇，以辯《詩序》之妄，然後人知自
　毛、鄭以來所傳《詩》者皆是錄傳。……觀《原切廣論》，雖
　三尺童子，亦知《大、小序》之妄說。[4]

　　《原切廣論》也許就是鄭氏另一書《辨詩序妄》的別名。鄭樵這
種批判傳統的精神，對朱子產生極大的影響，更形成宋人的反《詩
序》運動。

　　另外，舉《通志》〈校讎略〉也可以印證這種創新精神。在〈校
讎略〉中，鄭樵曾批判主其事者不懂校讎為何事，以致書籍雖多，卻
無法善加利用。他將《漢書》〈藝文志〉、《隋書》〈經籍志〉、《舊唐
書》〈經籍志〉、《新唐書》〈藝文志〉、《崇文總目》、《四庫書目》等一
一加以深入探索，對官守、求書、類例、編目上提出種種可檢討的地
方。他認為校讎的範圍，應不僅限於「一人讀書，校其上下，得誤謬
為校；一人持本，一人讀書，若怨家相對為仇」這種狹窄的意義，而
認為設官專守、搜集圖書、辨別真偽、校訂誤謬、確定類例、評論編
次，設法流傳等，都應包括在校讎學的範圍之內。[5]他所說的校讎
學，約等同於現在的圖書館學和文獻學。他認為圖書館所以不能發揮
功能是因藏書不足。藏書所以不足，是因求書不得法。所以，他提出
旁類以求、因地以求、因家以求、求之公、求之私、因人以求、因代
以求的所謂「求書八法」。這八種方法，也就是八種採訪圖書的準則。
能為求書提出這麼全面周到的準則，這就是鄭樵能檢討傳統，勇於創
新的表現。

4　《鄭樵文集》卷2，〈寄方禮部書〉，收入吳懷祺著：《鄭樵研究》（廈門市：廈門大
　　學出版社，2010年11月），頁161-166。
5　參考錢亞新：〈論鄭樵的博學多聞和創新精神〉，《南京大學學報》（哲學、人文、社
　　會科學）1987年3期，頁71-78。

三　鄭樵之學後代晦而不彰

鄭樵的學問雖有如前述許多的特色，但歷代對鄭氏並沒有給予應有的重視。這可以從後人為他所寫的傳記、他的著作存佚情形和歷代學者對他的批評等三方面來加以觀察。

（一）後人所作鄭樵的傳記

最先為鄭樵作傳的是他的兒子鄭翁歸所作的〈家傳〉，這傳早已亡佚，不詳其內容，且即使見存，因是兒子為父親作的傳，較難有客觀的評斷。元初脫脫等人修《宋史》時，將鄭氏列入〈儒林傳〉，傳文僅寥寥三百餘字，內容相當空洞，且批評鄭樵說：「好為考證倫類之學，成書雖多，大抵博學而寡要。」從這裡也可約略看出當時史官對鄭氏的態度。清初黃宗羲等人所修的《宋元學案》，把鄭氏的傳和他的堂兄鄭厚合在一起，才三十一個字。康熙四十四年（1705）所修的《莆田縣志》，在〈儒林傳〉中，有鄭厚、鄭樵二條（卷二十一），鄭樵的傳有五百餘字。乾隆二年（1737）所修的《福建省志》，在宋興化縣〈儒林傳〉中，鄭樵的傳也有五百餘字（卷一八八）。這兩書的鄭樵傳，篇幅雖然不長，但比《宋史》、《宋元學案》要詳細一些。

從上文的說明，可知不論官方所修的《宋史》，還是地方所修的方志，鄭樵都未得到應有的重視。

（二）鄭樵著作亡佚十之八九

鄭樵雖有著作八十四種，在當時卻未得到應有的重視，所以書稿一直保存在家中。在元代時被馬伯庸、齊履謙取走了二十餘種。虞集〈鄭氏毛詩序〉說：

> 故御史中丞馬公伯庸，延祐末奉旨閱海貨於泉南，觀於鄭氏，得十數種以去，將刻而傳之。馬公揚歷清要，出入臺省，席不暇煖，未及如其志而歿。泰定中，故太史齊公履謙奉使宣撫治閩，亦取十餘種，將刻而傳之。太史還朝，不一二年而歿，亦不克如其志。[6]

這二十餘種書，因為當事人都過世了，並未刊刻，書稿也不知下落。虞集又說：

> 西夏幹公克莊，……自南行臺而式閩憲也，……求諸鄭氏之子孫，夾漈之手筆猶有書五十餘種。[7]

顧頡剛以為「幹克莊所見的乃是馬、齊二人攜取之餘」。從鄭樵過世後，到元末已有兩百多年，鄭氏的餘稿大多未刊刻，他的學術不受重視也可見一斑。

這些遺稿雖不一定全部亡佚，但因未有刊本，自不能廣泛流傳。今所知有刊本者僅《通志》、《詩傳》、《詩辨妄》等數種。《通志》一書，在宋、元間流傳者僅《通志略》而已，足本之《通志》反不若單行之〈二十略〉流傳得廣。《詩傳》在元代曾有刻本，後來也亡佚了。《詩辨妄》一書，後人也僅能從周孚的《非詩辨妄》所引得一鱗半爪而已。

鄭樵的著作所以不易流傳原因很多，一方面卷帙太多，未易刊刻。另方面，他的著作大多為編輯之學，此一方面之學問，與宋元人

6　虞集撰：〈鄭氏毛詩序〉，見《道園學古錄》（臺北市：臺灣商務印書館，1983年影印文淵閣《四庫全書》本），卷31。

7　虞集：〈鄭氏毛詩序〉，見《道園學古錄》，卷31。

的學問性格頗不相合，所以不易引起重視。另外，他的《詩傳》、《詩辨妄》、《詩辨妄序》等書，即使很合朱熹等人的胃口，但朱子的《詩集傳》、《詩序辨說》等書，已將鄭樵的觀點全部加以吸收。有朱子的書就不需鄭樵的著作了。更何況，朱子的名氣比鄭樵大的多，光芒被朱子掩蓋，能注意到他著作的真正成就的，也就不多了。

（三）歷代學者對鄭氏著作之批評

鄭樵的著作比較早發生影響的是《詩辨妄》，朱子所以反《詩序》，實受他的影響。《朱子語類》云：「《詩序》實不足信。自見鄭漁仲有《詩辨妄》，力詆《詩序》，其間言語太甚，以為皆是村野妄人所作，始亦疑之。後來仔細看一兩篇，因質之《史記》、《國語》，然後知《詩序》之果不足信。」[8]朱子雖受鄭樵影響，但鄭氏在當時名氣並不大，所以朱子也不太提他，有時還輕蔑地說：「舊曾有一老儒鄭漁仲，更不信《小序》。」（同上）但我們從朱子的話，可知他是肯定鄭樵的觀點的。

元代馬端臨的《文獻通考》〈經籍考〉對鄭樵的著作，則施予較嚴厲的批評。由於鄭氏《通志》〈藝文略〉用語不當，似有薄毛氏而尊齊、魯、韓的傾向，馬端臨抓住這點，大加批評說：

> 所謂「事無兩造之辭，則獄有偏聽之惑」者，大意謂《毛序》不可偏信也。然愚以為譬之聽訟，詩者，其事也；齊、魯、韓、毛，則證驗之人也。《毛詩》本書俱在，流傳甚久，譬如其人親身到官，供指詳明，具有本末者也。齊、魯、韓三家本書已亡，於他書中間見一二，而真偽未可知，譬如其人元不到

8　朱熹撰，黎靖德編：《朱子語類》（臺北市：華世出版社，1987年），卷80。

官，又已身亡，無可追對，徒得風聞道聽，以為其說如此者
也。今捨《毛詩》而求證於齊、魯、韓，猶聽訟者以親身到官
所供之案牘為不可信，乃採之於旁人傳說，而欲以斷其事也，
豈不誤哉！[9]

顧頡剛以為馬氏如果能看到鄭樵的《詩辨妄》，應該不會這樣說，因
為三家的精神原和毛氏一致，鄭樵是反對這種精神，並不是反對某家
宗派[10]。

　　馬氏對《通志》全書也有概括性之批評。其中最讓馬氏不滿的是
〈禮略〉、〈職官略〉、〈選舉略〉、〈刑法略〉、〈食貨略〉五篇，完全沿
襲杜佑的《通典》，無所增加。馬氏批評說：

杜公生貞元間，故其所記述止於唐天寶。今《通志》既自為一
書，則天寶而後，宋中興以前，皆合陸續銓次，如班固《漢
書》續《史記》武帝以後可也。今《通志》此五略，天寶以前
則盡寫《通典》全文，略無增損；天寶以後則竟不復陸
續；……疏略如此，乃自謂「雖本前人之典，而亦非諸史之
文」，不亦誣乎！[11]

其他各略，則以為〈天文〉、〈地理〉、〈器服〉，失之太簡。但對〈氏
族〉、〈六書〉、〈七音〉等略，持較肯定的態度，以為「考訂詳明，議
論精到」。

9　馬端臨：《文獻通考》（臺北市：臺灣商務印書館，1983年影印文淵閣《四庫全書》
　　本），〈經籍考〉第6，〈經詩〉〈《夾漈詩傳辨妄》提要〉。

10　顧頡剛：〈鄭樵著述考〉，《國學季刊》第1卷1、2期（1923年3月）。

11　馬端臨：《文獻通考》（臺北市：臺灣商務印書館，1983年影印文淵閣《四庫全書》
　　本），〈經籍考〉，卷28。

清中葉的《四庫全書總目》對鄭樵作《詩辨妄》則持全面否定的
態度，該書說：

> 鄭樵作《詩辨妄》，決裂古訓，橫生臆解，實汩亂經義之渠
> 魁。南渡諸儒，多為所惑，而孚陳四十二事以攻之，根據詳
> 明，辨證精確，尤為有功於《詩》教。今樵書未見傳本，而孚
> 書巋然獨存，豈非神物呵護，以延風雅一脈哉！[12]

清乾嘉時代的學風是由宋返漢，尊崇毛鄭，鄭樵的觀點恰與此一學風
完全不合。所以，《四庫全書總目》才會施予無情的攻擊。《總目》對
於鄭氏《通志》，一如馬氏的《文獻通考》〈經籍考〉，指出不少缺略，
但最後仍以「採摭既已浩博，議論亦多警闢」，持比較肯定之態度。

同是清中葉的章學誠，對鄭氏的《通志》則有較高的評價。他說：

> 鄭樵生千載而後，慨然有見於古人著述之源，而知作者之旨，
> 不徒以詞采為文，考據為學也。於是遂欲匡正史遷，益以博
> 雅，貶損班固，譏其因襲，而獨取三千年來遺文故冊，運以別
> 識心裁；蓋承通史家風而自為經緯，成一家言者也。[13]

雖然章學誠仍指出鄭氏的部分缺失，但歷代學者中能持同情的態度，
且真正肯定鄭氏的，章學誠應是第一人。

就前文的論述可知，大多數學者對鄭氏的《詩辨妄》都持嚴厲批

---

12 宋周孚撰：《蠹齋鉛刀篇》條，見《欽定四庫全書總目》（北京市：中華書局，1997
　年1月），別集類13，頁2135。
13 章學誠著，葉瑛校注：《文史通義校注》（北京市：中華書局，1985年），〈外篇〉，
　頁163，〈申鄭〉。

判的態度。對《通志》則有褒有貶，但評價似不及《通典》及《文獻通考》。鄭樵之學能得到徹底的發揚，得等到民國初年的顧頡剛。

四　顧頡剛研究鄭樵之經過

在清末民初那種反孔的時代風潮裡，孔子就是傳統的代表，反傳統也就是反孔子，反孔子也就是反傳統。也因這種風雲際會，很多帶有反傳統成分的著作，也格外受到注意。當時前輩學人康有為的《新學偽經考》、《孔子改制考》，顧氏早在民國十五年（1926）三月即已讀過。其他如姚際恆、鄭樵、胡應麟、宋濂、崔述等人的著作，顧氏也都刻意搜集，並加以校點整理。

在歷代反傳統的學者中，顧氏最早注意到姚際恆。他在宣統元年（1909）十七歲時，曾向孫宗弼借到浙江書局刊本《古今偽書考》。讀後深受影響，以為「頭腦裡忽然起了一次大革命」[14]，也深深地註定了他畢生治學的命運。顧氏對鄭樵，雖沒說影響他的命運，但如就研究成果來說，應可與姚際恆、崔述並稱為「影響顧氏的三大古人」。

民國六年（1917）顧氏開始讀鄭樵的《通志》，並與傅斯年討論，顧氏認為「此書綜合了作者一生的學問，涉及範圍極廣，而且甚有批判精神，有創見。」（《年譜》，頁44）從民國九年（1920）起，胡適和顧頡剛師生開始著手搜集姚際恆的著作，並有意將《諸子辨》、《四部正譌》、《古今偽書考》編成《辨偽叢刊》。一直到民國十年（1921），顧氏都在點讀辨偽書籍，計有《黃氏日鈔》、《柳宗元集》、《王世貞集》、《郡齋讀書志》、《直齋書錄解題》、《文獻通考》、

---

14 見顧頡剛撰：〈校點古今偽書考序〉，收入林慶彰編：《姚際恆研究論集》（臺北市：中央研究院中國文哲研究所，1996年6月），上冊，頁257-272。

《子略》、《史通》、《群書疑辨》、《質疑》等。這些雖是辨偽之書，但因當時人的尊經觀念，對於經部的書大都不敢有所懷疑，顧氏是怎麼走入論辨經書這個領域的呢？他曾說：

> 我初作辨偽工作的時候，原是專注目於偽史和偽書上；玄同先生卻屢屢說起經書的本身和注解中有許多應辨的地方，使我感到經部方面也有可以擴充的境界。[15]

可見顧氏所以注意到經部書的辨偽，是受錢玄同的啟發。一注意到經部書，馬上聯想到的是鄭樵的《詩辨妄》。該書早已亡佚，顧氏從周孚《非詩辨妄》所引到的片斷，「就驚訝鄭樵立論的勇敢」。顧氏不但受鄭樵的勇敢感動，如果動手來輯集這書，既可滿足自己的「輯佚癖」，更符合他當時的學術工作。所以，就在民國十年（1912）秋冬之間開始輯集《詩辨妄》，並準備編入《辨偽叢刊》。在輯集《詩辨妄》的過程中，顧氏也有〈鄭樵著述考〉、〈鄭樵傳〉兩篇副產品。他敘述〈鄭樵著述考〉寫作的動機說：

> 我做這篇文字的動機，起於輯集鄭樵的《詩辨妄》。在輯集的時候，不免將他的著述通看一遍。看了之後，覺得他失傳的著作多極了，於是就想將他所做的書開一個名單。但後來漸積漸多，不但錄出他的書名，並將關於這些書的記述和批評也收集起來，不期而得三萬餘字。[16]

〈鄭樵傳〉的前面也有一段序言，說明他如何寫作該傳。顧氏說：

---

15 《古史辨》，第1冊〈自序〉，頁49。
16 顧頡剛：〈鄭樵著述考〉，《國學季刊》第1卷1、2期（1923年3月）。

《宋史》〈儒林傳〉裡也有他的傳文，但只有寥寥的三百餘字，極膚淺的把他說了。《宋元學案》裡更少了，連他的從兄鄭厚，只有三十一字。他的兒子翁歸為他做的〈家傳〉，已失傳了好久了。所以我們要曉得他的事實，很不容易。幸而有殘本的《夾漈遺稿》三卷流傳下來；更幸而在康熙四十四年修的《莆田縣志》裡和乾隆二年修的《福建省志》裡，都有一篇較詳的傳文。這兩篇傳雖是仍只五六百字，但比《宋史》著實的多了。我現在就把這三種書裡尋出的材料，更加上別種書的零碎記載，同他做一篇更詳的傳。雖則他一生的事蹟依舊不得完備，但比較《宋史》總是好的多了。[17]

這段文字除說明歷來鄭樵各種傳記的詳略外，也說明他寫作這篇傳記的用意。

當顧氏寫好〈鄭樵著述考〉、〈鄭樵傳〉兩篇文章以後，於民國十一年二月三日曾寫信向胡適報告，並準備將《詩辨妄》列入「《辨偽叢刊》的第一種」。二月十九日又寫信給錢玄同說：「《詩辨妄》的幾個附錄，大致已經弄好，只要謄清，就算完工。《非詩辨妄》我也加上一個跋。」並要求錢玄同為他的《詩辨妄》輯本作一篇序。三月十八日，又寫信給胡適說：「〈鄭樵著述考〉謄了一萬字出來，送上。此文原為《詩辨妄》的附錄，所以《詩傳》和《詩辨妄》的記述與評論全抄在『附錄三』裡去。現在既把他獨立，只得又摘要寫了一點。序亦重做過。」顧氏並告訴胡適對《詩辨妄》一書內容的構想。

民國十二年一月，《國立北京大學國學季刊》一卷一號刊出顧氏〈鄭樵著述考〉上半部，下半部則刊於四月份出版的一卷二號。本來

---

17 顧頡剛：〈鄭樵傳〉，《國學季刊》第1卷1期（1923年3月）。

預計在《新潮》發表的〈鄭樵傳〉，也在這一期的《國學季刊》刊出。胡適在〈鄭樵傳〉後附記說：「這篇〈鄭樵傳〉本是為《新潮》三卷三號做的。因為《新潮》一時尚不能出版，故著者讓我們取來，先在這裡發表。胡適。」《國學季刊》所發表的〈鄭樵著述考〉、〈鄭樵傳〉，可說是顧氏研究鄭樵最早發表的成果。

民國十四年十一月三日，顧氏為先前所作《鄭樵詩辨妄輯本》作跋。並將此一輯本，發表於十一月十一日出版的《北大國學門周刊》第一卷五期中。從前文的敘述，可知此一《輯本》已在民國十一年三月即完成，只是尚未謄清，他向胡適報告：「有十數天的閑暇便可脫稿。」既如此，為何拖了三年多才發表，是不是這三年多中，顧氏根本抽不出十多天來謄清？民國十四年十一月十八日，顧氏又在《北大國學門周刊》一卷六期發表〈非詩辨妄跋〉。顧氏這一階段研究鄭樵的工作，也因開始編輯《古史辨》而暫告結束。

最後一階段的研究，是民國二十二年（1933）的六、七月間，當時顧氏是四十一歲。六月份起開始編輯《詩辨妄》的附錄，並作按語。根據《年譜》，六月十三日作《詩辨妄》的附錄三〈六經奧論選錄〉，六月十七日作附錄四〈歷代對於鄭樵詩說之評論〉。七月份，《詩辨妄》一書即由北平樸社出版。這本書的書名頁題「詩辨妄一卷　附錄四種　宋鄭樵著　顧頡剛輯點　辨偽叢刊之一　樸社出版」。整本書的內容是：

卷頭語
張西堂先生序
本書
附錄一　周孚非詩辨妄
附錄二　通志中的詩說

附錄三　六經奧論選錄

附錄四　歷代對於鄭樵詩說之評論

所謂「卷頭語」，是輯錄鄭樵論詩之語八則置於卷前。「本書」即《詩辨妄輯本》，但缺顧氏的〈跋〉，不知何故。除了先前所作〈鄭樵著述考〉、〈鄭樵傳〉二文外，顧氏研究鄭樵的成果，可說全匯集在這一書中。

如果從民國十年（1921）顧氏開始輯集《詩辨妄》起，至民國二十二年（1933）《詩辨妄》出版，其間計有十餘年，一本十多天可完成的書，何以拖了十多年。要解答這個問題，只要檢讀他的《年譜》，即可得到答案。從《年譜》中可以發現顧氏所關心的問題太多了，隨時都有新的學術問題要他解決，他可說分身乏術。仔細考察的話，可知他花在《詩辨妄》的時間，也只不過是民國十年的秋冬間至民國十一年的二、三月，還有民國二十二年的六、七月間而已。

五　鄭樵對顧頡剛的影響

從上文顧氏那麼用心在搜集鄭樵的資料和著述的遺文，目的當然是要弄清楚鄭樵的底細。所以要徹底了解鄭樵，是因為顧氏曾經受到他很深的影響。在討論某人受某人的影響時，最具說服力的是，受影響的人自己現身說法，以免研究者隨意附會。顧頡剛曾受鄭樵、姚際恆、崔述三人很深的影響，他自己都有詳細的說明。如果以鄭樵來說，顧氏所受的影響約有兩方面。

（一）啟發孟姜女故事的研究

大家都知道顧頡剛是研究民間文學的大家，孟姜女故事的研究，

也是顧氏最重要的研究成果之一。而啟發顧氏去注意孟姜女故事的，
則是鄭樵和姚際恆兩人。顧氏在〈孟姜女故事研究集第二次開頭〉說：

> 民國十年的冬天，我為了輯集鄭樵的《詩辨妄》，連帶輯錄他
> 在別種書裡的詩論，因此在《通志》〈樂略〉中見到他論《琴
> 操》的一段話：「《琴操》所言者何嘗有是事！……君子之所取
> 者但取其聲而已。……又如稗官之流，其理只在唇舌間，而其
> 事亦有記載。虞舜之父，杞梁之妻，於經傳所言者不過數十言
> 耳，彼則演成萬千言。……」杞梁之妻即孟姜女，這是我一向
> 知道的；但我卻並沒想到「初未嘗有是事，而為稗官之流所演
> 成」。經他一提示，才知道裡面原有一段很複雜的因緣。這是
> 我對於她的故事的注意的第一回。[18]

雖有鄭樵的提示，但顧氏承認這「終究是一種極微薄的注意，所以也
不曾得到什麼材料」（同上）。在民國十二年春天，顧氏讀姚際恆《詩
經通論》，〈鄭風〉〈有女同車〉有「彼美孟姜」的詩句，讓顧頡剛想
起了孟姜女，知道在未有杞梁妻的故事時，孟姜已是美女的通名。顧
氏認為這是他對孟姜女故事注意的第二回。以後，顧氏有意、無意的
發現了許多孟姜女故事的材料，並研究該故事的演化程序，及在各代
的演變。從他有關孟姜女的第一篇論文〈孟姜女故事的轉變〉，於民
國十三年（1924）十一月二十三日在《歌謠》周刊第六十九號刊載
起，陸續發表了多篇有關孟姜女的論文。另外，全國各地的讀者也寄
來各種孟姜女故事的材料。後來，顧氏把這些相關的論文編成《孟姜

---

18 《孟姜女故事研究集》（廣州市：廣州中山大學語言歷史學研究所，1928年），第2
　冊，頁19。

女故事研究集》三冊。[19]這是民初有關民間文學研究的最閃亮的研究
成果之一。

　　更值得注意的是，鄭樵所說的「虞舜之父、杞梁之妻，於經傳所
言者不過數十言耳，彼則演成萬千言」，不但提示顧氏去研究孟姜女
故事，顧氏更把這種觀念應用到古代史的研究上，發展成震動國內外
史學界的「古史層累說」，徹底改寫了中國的古代史。鄭樵這一朱子
心目中的老儒，竟然在二十世紀的史學界有這麼大的影響力，實任何
人都始料未及。

（二）啟發《詩經》研究的新方向

　　民國六年（1917）顧頡剛因讀鄭樵《通志》，發現他「甚有批判
精神，有創見」（《年譜》，頁44），此後即陸續開始有關鄭樵的研究。
顧氏從周孚的《非詩辨妄》裡見到《詩辨妄》的零星文字，對於鄭樵
立論的勇敢，感到很驚訝。後來，顧氏又從《古今圖書集成》中題為
《詩辨妄》的，本來是《六經奧論》裡《詩經》的一部分。顧氏又用
各書中記載鄭樵的事實，與《宋史》〈鄭樵傳〉核對，發現《宋史》
中的話幾乎沒有一句可信，這給顧氏得到相當大的啟示，他說：

> 這種向不會發生問題的事情，經過一番審查之後，竟隨處發生
> 了問題，……這不得不使我駭詫了。……常說考證之業到清儒
> 而極，他們已經考證清楚了，……哪知這年做了幾個小題目的
> 研究，竟發現近代的史籍，近人的傳記也莫不是和古書古史一
> 樣的糊塗；再看清代人的考證時，才知道他們只是做了一個考

---

19 這三冊書，1970年夏季東方文化供應社有影印本，收入《中山大學民俗叢書》第30
　冊。

證的開頭！從此以後，我對於無論哪種高文典冊，一例地看它
們的基礎建築在沙灘上，裡面的漏洞和朽柱不知道有多少。只
要我們何時去研究它就可以在何時發生問題，把它攻倒。[20]

這是顧氏對清代考證學的不信任。對於宋學和漢學的態度又如何？顧
氏又說：

因為輯集《詩辨妄》，所以翻讀宋以後人的經解很多，對於漢
儒的壞處也見到了不少。接著又點讀漢儒的《詩》說和《詩
經》的本文。……自然觸處感到他們的誤謬，我更敢作大膽的
批抹了。……我也敢用了數年來在歌謠中得到的見解作比較的
研究了。我真大膽，我要把漢學和宋學一起推翻，赤裸裸地看
出它的真相來。[21]

從這段話，可知顧氏不但不信任清學，連宋學和漢學都要一起推翻。
就《詩經》來說，推翻清學和漢、宋學，都要採取什麼研究方向呢？
就是把歌謠的研究運用到《詩經》的研究上。民國十一年二月十九日
顧氏給錢玄同的信說：

我想做一篇〈歌謠的轉變〉，說明〈唐風〉中的〈杕杜〉和
〈有杕之杜〉同是一首乞人之歌，〈邶風〉中的〈谷風〉和
〈小雅〉中的〈谷風〉同是一首棄婦之歌，〈小雅〉中的〈白
駒〉和〈周頌〉中的〈有客〉同是一首留客之歌，只是一首的

---

20 《古史辨》，第1冊〈自序〉，頁47-48。
21 《古史辨》，第1冊〈自序〉，頁48。

分化，不是各別的兩首。從此可以證明「風」和「雅」、「頌」
只是大致的分配，並沒有嚴密的界限。[22]

從這些話可知，顧氏已將《詩經》中的詩篇看成歌謠，且利用研究孟
姜女故事的方法，去分析詩篇在流傳過程中的分化。二月二十日，顧
氏給常惠的信又說：

> 弟擬作〈恢復《詩經》在歌謠上的位置〉一文，《詩經》本來是
> 歌謠，只有〈雅〉、〈頌〉中的一部分是朝廷宗廟所用的樂曲。不
> 幸給漢儒專附會到美刺上去，竟弄成了政治的評論詩，失其歌謠
> 的本色。弟頗想把歌謠去講《詩經》，說明起興不必有意義，異
> 同不必為刪改，恢復他原來的面目。[23]

後來，古史辨派的人物，大抵把《詩經》當作歌謠來加以研究，既要
凸顯出《詩經》歌謠的地位，歷代所累積下來的詩篇教化說，就應一
律加以打倒，首當其衝的是自清初以來逐漸恢復過來的《詩序》。古
史辨派的學者，研究《詩經》大抵先從反《詩序》入手，這點幾乎和
鄭樵完全吻合。民國以來《詩經》研究，雖不一定把《詩經》全部的
詩篇都認為是歌謠，但大抵是以文學的眼光來看待詩篇，這當然要歸
功於古史辨派學者的啟發。而追究其根源，實受鄭樵的影響。

22　《古史辨》，第1冊〈上編〉，頁46，〈論詩經歌詞轉變書〉。
23　見《顧頡剛全集》，第40冊，〈書信集〉卷2，頁105。

第三章
顧頡剛與姚際恆

一　前言

　　姚際恆（1647-？）是清初的經學家，也是最有疑古精神的學者，他著有《古今偽書考》、《九經通論》等書。由於他的治學學風與清乾隆時代的學風並不相合，所以《四庫全書》中並沒有著錄他的著作，他的事蹟逐漸湮沒不彰，《九經通論》也亡佚大半。顧頡剛是民國的經學家、古史研究者，他所主編的《古史辨》，掀起近代考辨古史的新風潮，而形成所謂「古史辨學派」。

　　就顧頡剛的治學經歷來說，影響他最大的三位古人是鄭樵、姚際恆和崔述，三人都啟導了顧頡剛的疑古精神。[1]其中，姚際恆的《古今偽書考》，更影響顧氏一生治學的命運。要了解顧頡剛的學術淵源，就應探究此三人與顧氏間的關係。

　　要討論姚際恆與顧頡剛的關係，應從姚氏事蹟的湮沒不彰談起。其次，為了要彰顯姚氏的學術，顧氏開始蒐集整理姚氏的著作，在整理之餘，顧氏對姚氏的《古今偽書考》、《詩經通論》也有相當深入的研究。本文各節將對顧氏的研究略加分析。最後，則敘述姚際恆之學對顧氏的影響。

1　顧頡剛曾說：「我的《古史辨》的指導思想，從遠的來說，就是起源於鄭（樵）、姚（際恆）、崔（述）三人的思想。從近的來說，則是受了胡適、錢玄同二人的啟發和幫助。」見顧氏著：〈我是怎樣編寫《古史辨》的？〉，收入《文史哲學者治學談》（長沙市：嶽麓書社，1983年1月），頁82-112。

二 姚際恆的事蹟湮沒不彰

當今研究傳統學術的人，大都知道姚際恆的大名，也知道他有《古今偽書考》、《九經通論》等書，但是在清代姚際恆過世後的二百年間，學界中知有姚際恆這人的，是少之又少。姚際恆的事蹟在清初即湮沒不彰。從清代人的著作中，所載姚氏事蹟都甚為簡短，即可證明。

比較確切可靠的是，當時閻若璩和毛奇齡的記載。首先是康熙三十二年（1693）冬天，姚氏經由毛奇齡的引介，認識了閻若璩。閻若璩云：

> 癸酉冬，薄遊西泠，聞休寧姚際恆字立方，閉戶著書，攻偽《古文》。蕭山毛大可告余：「此子之廖儁也，日望子來，不可不見之。」介以交余，少余十一歲。出示其書，凡十卷，亦有失有得，失與上梅氏、郝氏同，得則多超人意見外。喜而手自繕寫，散各條下。[2]

這是有關姚氏較早的記載。另外，閻氏《尚書古文疏證》中，錄有姚氏說法二十餘條。

康熙三十六年（1697）十一月底，毛奇齡設宴款待由北方來問學的李塨，姚氏應邀參加。席間，姚氏以所著《古文尚書通論》與《儀禮通論》，送請李塨指正。[3]康熙三十九年（1700）六月，毛奇齡寫信

2　見閻若璩撰：《尚書古文疏證》（臺北市：漢京文化事業公司，1979年《重編皇清經解續編》本），卷8，頁39。

3　見馮辰撰：《清李恕谷先生年譜》（臺北市：臺灣商務印書館，1978年3月），卷2，頁38。

安慰李塨會試落榜，信中述及姚際恆辨《周禮》事。該信說：

> 近姚立方作《偽周禮論》，秘不示我，但觀其總論，乃紹述宋
> 儒所論，以為劉歆作。予少就其總論中所辨者辨之，名《周禮
> 問》，恨其書未見，不能全辨，然亦見大槩矣。[4]

在這之前，姚際恆完成了《周禮通論》，認為《周禮》是劉歆偽作。
毛奇齡看了總論以後，以為有可反駁的地方，所以作了《周禮問》一
書。

康熙四十一年（1702），辨《古文尚書》的學者聚會。毛奇齡的
《經問》對此事有較詳細的記載：

> 淮安閻潛邱挾其攻《古文》書若干卷，名曰《疏證》，同關東
> 金素公來，亦先宿姚立方家而後見過。但雜辨諸經疑義，並不
> 及《古文》一字。次日，復過予，時金素公、沈昭嗣、倪魯
> 玉、姚立方俱在座。偶及顧亭林《日知錄》論禮一條，謂天子
> 諸侯絕期，惟恐以期喪廢祭事也。予顧在座眙睸，謂古禮並無
> 以期喪廢祭事之文，此是何說？因微有詰辨，遂罷。[5]

這次，他們的聚會，姚際恆雖在座，或許並沒有發表什麼意見，所以
毛奇齡沒有特別提到他。

以上是姚氏事蹟中有年代可尋的。另外，毛奇齡《西河文集》〈詩
話〉中有一則毛奇齡之兄毛萬齡（大千）讚賞姚際恆博學的記載：

4　見馮辰撰：《清李恕谷先生年譜》，卷3，頁14。
5　見毛奇齡撰：《經問》（臺北市：臺灣商務印書館，影印文淵閣《四庫全書》本），
　　卷18，頁18。

亡兄大千為仁和廣文，嘗曰：「仁和祇一學者，猶是新安人。」謂姚際恆也。予嘗作〈何氏存心堂藏書序〉，以示兄，兄曰：「何氏藏書有幾，不過如姚立方腹篋已耳。」立方，際恆字。及予歸田後，作《大學證文》，偶言小學是寫字之學，竝非〈少儀〉、《幼學》之謂，不知朱子何據，竟目為童學，且哀然造成一書，果是何說？立方應聲答：「朱所據者，《白虎通》也，然《白虎通》所記，正指字學，誠不知朱子何故襲此二字。」因略舉唐、宋後稱小學者數處，皆歷歷不謬，坐客相顧皆茫然，則度越時賢遠矣。第是時兄已死，予述兄語示立方，立方即贈予長律二十韻，中有云：「城隈山烏白，亭下水花紅，李固追隨日，侯芭涕淚中，深懷因令弟，縈慕等蒙童。」其情詞篤實，始知亡兄非輕許人者。仁和學宮在城西之隈，宮右有荷池，池上有亭，名琢玉亭，為坐客談讌之所。「城隈」二句以此。[6]

當時學者有關姚際恆的記載也僅上述數事而已。姚氏是什麼時候過世的，既沒有傳狀，也沒有墓誌銘。至今他的卒年仍是個謎。

到了乾隆年間，編《四庫全書》時，姚際恆的著作一本也沒有收錄，僅在《四庫全書總目》子部雜家類存目，收了姚氏《庸言錄》的提要：

《庸言錄》，無卷數，浙江吳玉墀家藏本。國朝姚際恆撰，際恆字善夫，徽州人。是編乃其隨筆劄記，或立標題，或不立標題，蓋猶草創未竟之本。際恆生於國朝初，多從諸耆宿游，故往往剟其緒論。其說經也，如闢圖書之偽，則本之黃宗羲；闢

6　見毛奇齡撰：《西河文集》（臺北市：臺灣商務印書館，1968年《國學基本叢書》本），〈詩話〉，卷4。

《古文尚書》之偽，則本之閻若璩；闢《周禮》之偽，則本之
萬斯同；論小學之為書數，則本之毛奇齡，而持論彌加恣肆。
至祖歐陽修、趙汝楳之說，以《周易》〈十翼〉為偽書，則尤
橫矣。其論學也，謂周、張、程、朱，皆出於禪，亦本同時顏
元之論。至謂程、朱之學不息，孔、孟之道不著，則益悖矣。
他如詆楊漣、左光斗為深文居功，則《三朝要典》之說也。謂
曾銑為無故啟邊釁，則嚴嵩之說也。謂明世宗當考興獻，則
張、桂之說也，亦可謂好為異論矣。[7]

這提要對姚際恆的學術可說肆意誹謗。姚氏的學術是否全本於清初儒
者，學者已多所論辨，此不贅。[8]由於《四庫全書總目》的偏見，能
關心姚氏學術的可說相當少。在乾隆年間，有杭世駿作《續禮記集
說》，其中採入姚氏《禮記通論》約二十餘萬字，對姚氏的成就頗為
肯定：

> 姚際恆，字立方，錢塘人。著《九經通論》，中有《禮記通
> 論》，分上、中、下三帖，立義精嚴，大都為執《周禮》以解
> 禮者，痛下鍼砭。[9]

此外，另有佚名撰的《武林道古錄》，整理了一篇較為完整的姚氏傳
記。這是現有最早的姚氏傳記。茲抄錄如下：

7　見紀昀等撰：《四庫全書總目》（臺北市：藝文印書館，1969年），卷25，頁41-42。

8　見顧頡剛撰：〈校點古今偽書考序〉，收入林慶彰、蔣秋華編：《姚際恆研究論集》
　　（臺北市：中央研究院中國文哲研究所，1996年6月），上冊，頁257-271。另村山吉
　　廣著，林慶彰譯：〈姚際恆的學問（中）──他的生涯和學風〉，收入上引書，頁39-
　　64。也有考辨。

9　見杭世駿撰：《續禮記集說》（清光緒三十九年浙江書局刊本），卷首，姓氏，頁10。

姚際恆，字立方，號首源，仁和諸生。少折節讀書，泛濫百
氏，既而盡棄詞章之學，專事於經。年五十，曰：「向平婚嫁
畢而游五嶽，予婚嫁畢而注九經。」遂屏絕人事，閱十四年而
書成，名曰《九經通論》。時山陽閻若璩力辨晚出《古文》之
偽，際恆持論多不謀而合，若璩撰《古文尚書疏證》，屢引其
說以自堅，而蕭山毛奇齡篤信《古文》，作《冤詞》，與若璩詰
難。奇齡故善際恆，以際恆之同於若璩也，則又數與爭論，際
恆守所見，迄不為下。奇齡嘗與客言：「小學者六書之學，朱
子指為幼儀，不知何據？」際恆應聲曰：「朱子所據者《白虎
通》也，第《白虎通》亦言字學，而朱子借用之。」因舉唐、
宋後之稱小學者，源委井然，奇齡為嘆服。際恆又著《庸言
錄》若干卷，雜論經史、理學、諸子，末附《古今偽書考》，
持論雖過嚴，而足以破惑，學者稱之。

《武林道古錄》流傳並不廣，今未見。後來這篇傳記收入鄭澐修、邵
晉涵等續纂的《（乾隆）杭州府志》[10]，卷九十，〈儒林傳〉中。這是
乾隆間，有關姚氏事蹟較詳細的記載。

　　嘉慶以後，漸有學者刊刻姚氏的著作，首先是嘉慶年間鮑廷博將
姚氏《古今偽書考》，刻入所編《知不足齋叢書》中。這《古今偽書
考》在光緒年間，則有七種刊本。[11]從這裡也可以看出學術風氣的轉
變。其次是嘉慶四年（1799）顧蓴薇輯刻的《讀畫齋叢書》，收有姚
氏的《好古堂家藏書畫記》二卷、《續收書畫奇物記》一卷。三是道
光十七年（1837）王篤鐵琴山館刊刻《詩經通論》。後來，在同治六

---

10 有清乾隆四十九年（1784）刊本。
11 參見林慶彰編：〈姚際恆研究文獻目錄〉，收入《姚際恆研究論集》，下冊，頁1257-
　　1283。

年（1867）成都書局又將王篤刊本重刊。直至清朝結束，姚氏的著作
有刊本的，也僅有《古今偽書考》、《好古堂家藏書畫記》、《續收書畫
奇物記》、《詩經通論》等四書而已。

　　至於嘉慶以後，可見的姚氏傳記資料，也僅有嘉慶五年（1800）
吳顥所編的《國朝杭郡詩輯》和吳振棫重編的《國朝杭郡詩輯》二書
而已。吳顥所錄姚氏傳記僅一行：

> 姚際恆，字立方，號首源，錢塘國子生，著有《九經通論》
> 一百六十三卷。[12]

這一行之後有姚氏〈宣和寶硯歌〉一首。吳振棫重編後，傳記資料大
大增加：

> 姚際恆，字立方，號首源，錢唐監生（《府志》：仁和諸生）。首
> 源博究群書，撐腸萬卷。毛西河嘗作〈何氏存心堂藏書序〉，以
> 示其兄大千。大千曰：「何氏書有幾，不過如姚立方腹篋已
> 耳。」其為一時推服如此。既而盡棄詞章之學，專精治經。年
> 五十曰：「向平昏嫁畢而游五嶽，予昏嫁畢而治九經。」遂屏人
> 事，閱十四年而書成，名曰《九經通論》，凡一百六十三卷。又
> 著《庸言錄》若干卷，雜論經史、理學、諸子。末附《古今偽
> 書考》，持論極嚴覈。其家構海峰閣，西窗面湖，簷際懸舊窯齊
> 紅椀，夕陽映射，一室皆作霞光。有〈西窗絕句〉云：「高閣虛
> 明木榻施，晝間兀坐每移時，湖山一角當窗面，烟樹殘霞晚更

---

12 見吳顥輯：《國朝杭郡詩輯》（清嘉慶五年守惇堂刊本），卷4，頁22。

宜。」《府志》入〈儒林傳〉。[13]

傳記資料之後，錄有〈宣和寶硯歌〉、〈家藏東坡笠屐圖貌似毛西河戲贈一絕〉等二首詩，比吳顥本要多出一首。

雖然，清嘉慶年間以後，姚氏的著作，如《古今偽書考》、《好古堂家藏書畫記》、《續收書畫奇物記》、《詩經通論》等四書已有刻本，但並沒有廣泛的流傳。所以民國初年，顧頡剛作《清人著述考》時，才沒有將姚氏的著作列入。至於載有姚氏傳記資料的《（乾隆）杭州府志》、《國朝杭郡詩輯》，都不是流傳很廣的書，學者一時也不知有姚氏的資料在內。姚氏這人的事蹟如何，最重要著作《九經通論》存佚情形，才需要胡適、顧頡剛師生兩人合力來蒐輯，並花費顧氏一生的時間來點校整理。

三 蒐集整理姚際恆的著作

顧頡剛是怎麼知道姚際恆的著作的？他最先注意到的姚氏著作是哪一本？以後如何來蒐集整理姚氏的著作，這是研究兩人學術關係時，最先要討論的。

顧氏最先注意到的姚氏著作，是《古今偽書考》。這部書他早在《書目答問》中見到，因該書收入《知不足齋叢書》裡，而該叢書又不容易見到，所以顧氏並未讀過該書。[14]

宣統元年（1909），顧頡剛十七歲，向孫宗弼借到了浙江書局刊本的《古今偽書考》，讀過之後，顧氏自認為「在頭腦裡忽然起了一

---

13 見吳顥輯，吳振棫重編：《國朝杭郡詩輯》（清同治十三年錢塘丁氏重刊本），卷7，頁15上-16上。

14 參顧頡剛撰：〈校點古今偽書考序〉。

次大革命」，顧氏又說：

> 我在二十歲以前，所受的學術上的洪大的震盪只有兩次。第一
> 次是讀了一部監本《書經》，又讀了一篇《先正事略》中的〈閻
> 若璩傳〉。第二次，就是這一回，翻看了一部《漢魏叢書》，又
> 讀了一本《古今偽書考》。我深信這兩次給與我的刺戟深深地
> 注定了我的畢生的治學的命運，我再也離不開他們的道路了。
> 15

當然影響顧氏治學的方向的，不止姚際恆一位而已，鄭樵、崔述等人
都曾影響過顧氏。但在這些古人中，顧氏最早接觸到的應該是姚際恆。

　　由於《古今偽書考》給顧氏的震撼，民國三年（1914）顧氏乃向
孫宗弼借該書來抄錄，並校正書中的訛誤。抄畢，並作了一篇〈古今
偽書考跋〉。該跋說：

> 右《古今偽書考》一卷。宣統己酉歲，始見於孫伯南先生架
> 上。去年在京中刻意求之不能得，遂借自孫先生手錄焉。是書
> 始刊於《知不足齋叢書》；先生所藏為光緒十八年秋浙江書局
> 單行本。浙局是刻，板本甚劣，譌謬為繁。今就其可正者正
> 之；他日得善本，當重校。16

可見顧氏對所見的這一版本並不滿意，有重校的計畫。

　　顧頡剛本來也祇是受姚氏《古今偽書考》之影響而已，並不知姚

---

15 參顧頡剛撰：〈校點古今偽書考序〉。

16 見顧頡剛編：《古史辨》（臺北市：明倫出版社，1970年3月重印本），第1冊，頁7。

氏還有其他的著作。顧氏所以會較全面性蒐集姚際恆的著作，是受胡適的影響。民國九年（1920）十一月，胡適寫信給顧頡剛，詢問姚際恆之著述，以為姚氏能作《九經通論》，是一很大膽的人，顧氏所作《清人著述考》，不應沒有姚際恆。十一月二十三日，顧氏就查詢結果，向胡適寫信報告。次日，胡適回信，勸顧氏點讀《古今偽書考》，可協助出版。同日，顧氏給胡適回信，以為「點讀《偽書考》，這件事很容易，大概至慢也不過二十天。」回函另附民國三年（1914）所作的〈古今偽書考跋〉。顧氏隨即開始標點《古今偽書考》。由於想將姚氏所徵引的書都注明卷帙、版本，徵引的人都注明生卒、地域，碰到很多困難，最後放棄加注。[17]

　　同年，十二月十五日顧頡剛寫信給胡適，想將《諸子辨》、《四部正譌》、《古今偽書考》編為一冊，書名叫《辨偽三種》。並想為這一冊書作跋，內有五個表，分別是：偽書所記的時代、造偽書的時代、宣揚偽書的人、辨偽書的人、根據了偽書所造成的歷史事實。十八日，胡適的答書認為所列五項皆不適合作表，但第五項尤為重要，應佔全跋之大半。民國十年（1921）一月，顧頡剛校點《古今偽書考》完畢，與《諸子辨》、《四部正譌》等，編入《辨偽叢刊》第一集，並作跋文。民國十八年（1929），十一至十二月，顧氏開始校對《古今偽書考》。十九年（1930）二月二十三日，為校點本《古今偽書考》作序。不久，《古今偽書考》由樸社出版，為《辨偽叢書》之一。這是十多年來，顧氏蒐集整理姚氏著作的第一本成果。

　　其次，敘述蒐集整理《詩經通論》的經過。民國十一年（1922）十二月，顧氏向吳虞借到姚氏的《詩經通論》，在蘇州請人抄錄。顧氏說，胡適索此書「於藏書最富之北平，久而不獲。其後新繁吳又

---

17 見顧頡剛編：《古史辨》，第1冊，顧氏〈序〉。

陵先生北上，行篋中攜有王刻本，適之、玄同兩先生歡躍相告，予乃得假歸讀之。當時曾抄一本，施以標點，欲重刊之而未能也。」[18]顧氏將《詩經通論》加標點的時間是民國十二年（1923）的三月至八月間。[19]民國三十三年（1944）重慶北泉圖書館長楊家駱輯印《北泉圖書館叢書》，擬將姚氏《詩經通論》列入第一集。因顧氏與楊家駱有深交，楊氏要求顧氏為《詩經通論》作〈序〉。該〈序〉於八月三十一日完成，民國三十四年（1945）四月，該〈序〉刊於《文史雜誌》第五卷三、四期合刊本中。一九五七年，顧氏在青島時，對姚氏的《詩經通論》作了相當詳細的閱讀，所作筆記都收到《湯山小記》中。次年（1958）十二月，顧氏標點的《詩經通論》，由北京中華書局出版。書中並沒有顧氏的〈序〉，也沒有交代何以遲到十餘年後才出版。這是顧氏蒐集整理姚氏著作的第二本成果。

　　其三，是《禮記通論》一書。民國九年（1920）十二月二十三日，胡適寫信給顧氏，說馬夷初（馬衡）提到杭世駿《續禮記集說》中引有許多姚際恆的話，希望顧氏能查一查。民國十年（1921）七月一日，胡適來信告知：「姚際恆的《禮記通論》，已由錢玄同先生動手從《續禮記集說》裡輯出。」[20]錢氏的輯稿，後來並不知下落。另外，在民國二十年代，顧氏也有輯本，後來也不知下落。一九七八年顧氏為編輯《姚際恆遺書彙輯》，又作第二次輯錄，但僅將〈曲禮篇〉作初步校理，輯佚的工作並沒有完成。後來，這書的輯佚工作，由王尹珍、張維明於一九八四年完成。[21]至今尚未見出版。

18 見顧頡剛撰：〈詩經通論序〉，《文史雜誌》第5卷第3、4期合刊（1945年4月），頁89-90。收入林慶彰、蔣秋華合編：《姚際恆研究論集》，中冊，頁371-374。

19 見顧頡剛撰：〈二次開頭〉，轉引自顧潮編：《顧頡剛年譜》（北京市：中國社會科學出版社，1993年3月），頁81。

20 見胡適撰：〈論辨偽叢刊體例書〉，收入《古史辨》，第1冊，頁38-39。

21 參王尹珍、張維明撰：〈姚際恆《禮記通論》校點說明〉，《經學研究論叢》第四輯

其四，是《儀禮通論》一書。民國二十一年（1932）一月顧氏赴杭州省親，因淞滬抗戰，交通受阻，到五月一直停留在杭州。四、五月間在已故藏書家崔永安家中發現姚氏《儀禮通論》鈔本一部，「大以為快，即向其借出鈔之」[22]，並花費兩星期之工夫加以校對。這一鈔本，後來因為戰爭，並不知下落。一九七九年十月十日顧氏翻閱何定生《定生論學集──詩經與孔學研究》一書時，還誤以為當時所鈔之《儀禮通論》在臺灣。[23]此一鈔本，在一九八〇年顧氏逝世前，一直未知下落。一九九五年中國社會科學院歷史研究所陳祖武先生，才在該所圖書館書架上發現。[24]

其五，是《春秋通論》。民國十八年（1929），倫明從北平某書肆購得姚氏《春秋通論》抄本。但已缺卷十一至卷十三。顧氏在〈詩經通論序〉提到此事。今傳各種《春秋通論》的抄本，皆根據倫明所藏抄本傳抄。

其六，是《好古堂書目》。民國十二年（1923）秋，顧氏委託南京江蘇省立圖書館將所藏姚氏《好古堂書目》抄本，代為抄出一份。

從以上之敘述可知，顧氏所能收集的姚氏著作，也僅有《古今偽書考》、《詩經通論》、《禮記通論》、《儀禮通論》、《春秋通論》、《好古堂書目》等六種而已。其中《禮記通論》未輯成，《儀禮通論》的抄本後來下落不明。

（1997年4月），頁181-186。

22 見《顧頡剛日記》，第2卷，頁633。

23 見《顧頡剛日記》，第11卷，頁695。

24 參陳祖武撰：〈姚際恆《儀禮通論》未佚〉，《經學研究論叢》第四輯，頁177-180。除中國社會科學院所藏鈔本外，北京圖書館也藏有另一鈔本，是根據顧氏鈔本傳鈔，已收入上海古籍出版社出版《續修四庫全書》第86-87冊中。

四　對姚氏考辨偽書的評價

　　姚際恆的《古今偽書考》，主要在考辨四部偽書；其《九經通論》中的《易傳通論》、《古文尚書通論》、《周禮通論》等，也在辨偽經。說姚氏的學問是一種辨偽學，也不為過。

　　顧頡剛在宣統元年（1909）十七歲時，即向孫宗弼借讀《古今偽書考》，深受影響，民國三年（1914），顧氏二十二歲，又向孫宗弼借抄《古今偽書考》，並作了一篇〈古今偽書考跋〉。民國十九年（1930），顧氏三十八歲，為校點本《古今偽書考》作序，次年發表於《史學年報》第一卷第二期中。一九五五年，顧氏六十三歲，所編《古籍考辨叢刊》第一集，收有顧氏點校的《古今偽書考》，書前的序，是從民國十九年的序稍作修改而成。

　　至於姚氏《九經通論》中專辨偽經的《易傳通論》、《古文尚書通論》、《周禮通論》數書，因早已亡佚，顧氏也無法作評論。所以，要得知顧氏對姚際恆考辨偽書的評價，祇能根據〈古今偽書考跋〉和〈校點古今偽書考序〉兩文。

（一）對偽書分類的質疑

　　姚氏《古今偽書考》將偽書按經、史、子分為三類。接著又按偽書的性質，分為有真書雜以偽者；有本非偽書而後人妄托其人之名者；有兩人共此一書名，今傳者不知為何人作者；有書非偽而書名偽者；有未足定其著書之人者等類。顧氏在〈古今偽書考跋〉中，對書中的分類提出質疑的有十數種，如：

　　　1.將《忠經》入經類，《天祿閣外史》入史類，「得毋但觀其名歟」？

2. 《詩序》既根據《後漢書》證為衛宏所作，卻又云「非偽書而實亦同於偽書也」。

3. 《乾鑿度》既云「宋人掇拾類書而成」；《竹書紀年》既云「予於《紀年》，以為後人增改」；《李衛公問對》，明云「今世傳者當是神宗時所定，而彼所定實採《通典》」。既如此，三書都是「真書雜以偽」，為何將之與偽書同列？

4. 《商子》一書，姚氏曰：「其精確切要處，《史記》列傳包括已盡，凡《史記》所不載，往往為書者所附會」；論《賈誼新書》云：「多錄《漢書》語，其非《漢書》所有者，輒淺駁不足觀，決非誼本書也。」這兩段話的說法相同，姚氏卻將《商子》斷為「偽」，而《新書》為真，實「不足以服人」。

5. 論《脈訣》云：「稱晉王叔和撰，晁氏謂後人依託」，論《金匱玉函經》云：「此非仲景撰，乃後人依託者」。說法相同，卻以《脈訣》為偽，《金匱玉函經》為真，也「不足以服人」。

6. 《孫子》一書，反覆無證驗，實應與《鬻子》、《鬼谷》並在偽書，而獨入「未定其人」，豈為當乎！

以上是顧氏所舉《古今偽書考》缺點的一部分，從這些例子，可約略看出姚氏作判斷時考慮實有欠周詳的地方。

（二）指出姚氏所列偽書之缺漏

姚際恆《古今偽書考》中所列之偽書有九十種，實則自古以來之偽書，不止此數。顧頡剛在〈古今偽書考跋〉中曾指出其缺漏說：

其缺而未舉者，在「經」，有《書序》、《周易舉正》、《乾元序制記》、《論語筆解》、《六經奧論》諸書。在「史」，有《聖賢群輔錄》、《五孝傳》、《卓異記》諸書。在「子」，有《孟子外書》、《鄧析子》、《燕丹子》、《靈棋經》、《道德指歸論》、《老子河上公注》、《莊子郭注》、《群書治要》、《家山圖書》、《搜神記》、《述異記》諸書。至於醫藥術數之籍，不可勝計。若「真書雜偽」，則有朱子《通鑑綱目》；「兩箸併名」，則有高誘《戰國策注》；在姚氏成書後，則有日本刻《古文孝經孔傳》、《今文孝經鄭氏注》。如此之類，並可補論，勿求備於此書已。

顧氏計舉出經部五種；史部三種；子部十一種。此外，「醫藥術數之籍，不可勝計」。當然，顧氏並沒有要將姚氏所未錄的偽書全部舉出來的意思，所以才舉出十餘種而已。民國二十八年（1939），張心澂編的《偽書通考》，所收偽書達一〇五九種。如從求全責備的觀點來看，姚氏的《古今偽書考》，當然不完備。

（三）指出姚氏辨偽方法的缺失

自明代宋濂的《諸子辨》、胡應麟的《四部正譌》，辨偽已有自己的專書。胡應麟更在《四部正譌》書末附有辨偽書的方法。胡氏說：「凡覈偽書之道：覈之《七略》以觀其源；覈之群志以觀其緒；覈之並世之言以觀其稱；覈之異世之言以觀其述；覈之文以觀其體；覈之事以觀其時；覈之撰者以觀其託；覈之傳者以觀其人。覈茲八者，而古今贗籍亡隱情矣。」[25]姚際恆的《古今偽書考》，因僅是姚氏讀書時的筆記，內容並不完備，也不像胡應麟，舉出辨偽之方法。但從《古

---

25 胡應麟撰：《四部正譌》，收入《偽書考五種》（臺北市：世界書局，1979年10月第3版），頁47。

今偽書考》中，仍可看出辨偽所採用之方法。顧頡剛對姚氏的辨偽方法批評說：

> 蓋嘗論之，其病有二。一則以文辭之工拙定真偽，故《文》、《列》為真而《鶡冠》、《公孫龍》為偽。二則以後世著述之成法䋣括古籍，故《黃帝素問》、《神農本草》、《晏子春秋》胥入偽書。姚君抑亦未深思乎？[26]

顧氏在這段話中，提出辨偽方法的兩大問題，一是以書之文體來論斷真偽，是否準確？顧氏舉《文子》和《列子》二書，《文子》的文體，根據柳宗元的說法，「渾而類者少」；《列子》的文體，姚氏以為「明媚近人，氣脈降矣」，但姚氏都將二書列入「有真書雜以偽者」這一類；而《公孫龍子》的文體，根據陳振孫的看法，是「淺陋迂僻」；《鶡冠子》的文體，根據柳宗元，是「盡淺陋言也」。因此，姚氏將兩書都列為偽書。同樣從文體來考量，有些是真書雜以偽，有些則是全偽。顧氏對姚氏這種辨偽的方法，頗有意見。二是以後世著述之法來看古籍，而判斷真偽，是否正確？在顧頡剛的觀念裡，古書有很多並非一人一時所作，可能是同一學派的人的集體創作，後人再為之冠上某一古人之名。因為後人的誤解，常常將這種古書認為是偽書。顧氏認為《黃帝素問》、《神農本草》、《晏子春秋》都是屬於這一類的著作，姚氏全部把它當作偽書，恐有不當。

（四）肯定《古今偽書考》的價值

顧頡剛曾說《古今偽書考》一書，影響了他畢生治學的命運。

---

26 見顧頡剛撰：〈古今偽書考跋〉。

《古今偽書考》的真正價值如何，顧氏在〈校點古今偽書考序〉也有說明：

> 《古今偽書考》只是姚際恆的一冊筆記，並不曾有詳博的敘述，它的本身在學術上的價值可以說是很低微的。但他敢於提出「古今偽書」一個名目，敢於把以前人不敢疑的經書（《易傳》、《孝經》、《爾雅》等）一起放在偽書裡，使得初學者對著一大堆材料，茫無別擇，最易陷於輕信的時候，驟然受一個猛烈的打擊，覺得故紙堆裡有無數記載不是真話，又有無數問題未經解決，則這本書實在具有發聾振聵的功效。所以這本書的價值，不在它的本身的研究成績，而在它所給予學術界的影響。

根據顧氏的說法，《古今偽書考》因僅是一本短小的讀書筆記，所以本身的學術價值並不高。重要的是該書疑古辨偽的觀念，對後代學術界所造成的影響。就這一點來說，顧氏的評價是相當正確的。在姚氏之前的辨偽專著中，宋濂的《諸子辨》，僅辨子部之書；胡應麟的《四部正譌》僅辨史、子、集之書，將堂堂聖人所傳的經書，一部部辨其真偽，這是前所未有的。更甚者，姚氏也告訴後人，經書中其實是有很多問題的，並非句句皆真，也不一定全來自聖人。這啟導了後代學者對古代典籍的重新檢視，民國以來的國故整理運動、古史辨運動，其實都從姚氏這裡得到養分。

五　對姚氏詮釋《詩經》的評價

顧頡剛除對姚氏的《古今偽書考》有研究外，對《詩經通論》也有不少批評。這些批評，都見於《顧頡剛讀書筆記》第七卷（上）

《湯山小記》的（六）、（七）之中。《湯山小記》是一九五七年顧氏
讀《詩經通論》的筆記。顧氏對姚氏《詩經通論》的種種看法，都可
從這些筆記中看出來。茲分項敘述如下：

（一）批評姚氏反《詩序》不夠徹底

《詩序》相傳為子夏所作。子夏為孔子得意的弟子之一。既如
此，《詩序》可說傳自孔門。歷來也因此把《詩經》和《詩序》視為
一體。姚氏以為《詩序》首句（姚氏稱為「小序」）是謝曼卿所作，
申述語（姚氏稱為「大序」）為衛宏所作。《詩序》既僅是漢人之作，
必有很多不合理的地方，姚氏不但批評《詩序》，對朱子《詩集傳》
有遵從《詩序》的地方，也大加批評。甚至認為《詩集傳》可廢。照
姚氏的態度來看，應該是反序最力的人，但是他反《詩序》也有不夠
徹底的地方，這點顧頡剛頗有批評，如〈周南〉〈關雎〉一詩，《詩
序》云：「后妃之德也。……樂得淑女以配君子，憂在進賢，不淫其
色。哀窈窕，思賢才，而無傷善之心焉。」姚氏並不贊同《詩序》之
說法，另立詩旨說：

> 此詩只是當時詩人美世子娶妃初昏之作，以見嘉耦之合初非偶
> 然，為周家發祥之兆，自此可以正邦國，風天下。[27]

由「后妃之德」改成「美世子娶妃初昏之作」，在顧氏這種反《詩
序》的人來看，仍舊在《詩序》的思考模式中打轉。所以顧氏要批評
說：「仍落《詩序》圈套，亦見其獨立思考之不徹底也。」[28]

---

27 見姚際恆撰：《詩經通論》，收入《姚際恆著作集》（臺北市：中央研究院中國文哲
　研究所，1994年6月），第1冊，卷1，頁19。
28 見顧頡剛撰：《顧頡剛讀書筆記》（臺北市：聯經出版事業公司，1990年1月），第7
　卷上，《湯山小記（七）》，頁4939。

對於姚氏批評《詩序》，顧氏大多持肯定的態度。如〈周南〉〈桃夭〉一詩，《詩序》云：「后妃之所致也，不妒忌，則男女以正，昏姻以時，國無鰥民也。」姚氏對《詩序》的說法深不以為然，反駁說：

> 〈小序〉（按：即首句）謂「后妃之所致」。每篇必屬后妃，竟成習套。夫堯、舜之世尚有四凶，太姒之世亦安能使女子盡賢，凡于歸者皆宜室、宜家乎！即使非后妃之世，其時男女又豈盡踰垣、鑽隙乎！〈大序〉（按：即申述語）復謂「不妒忌則男女以正，昏姻以時，國無鰥民」。按孟子言「大王好色，內無怨女，外無曠夫」，此蓋譎諫之言，然於理猶近。若后妃不妒忌於宮中，與「國無鰥民」何涉，豈不可笑之甚哉！[29]

姚氏對《詩序》之駁斥，顧氏讚賞說：「此駁極明快。」[30]當然，姚氏對《詩序》的批駁也並非顧氏所舉的一兩條而已，顧氏所以舉這一條只不過要讚賞其批駁有理而已。

（二）稱許姚氏治經無宗派之見

治經素有漢學、宋學之別，如就《詩經》來說，漢學的代表是毛《傳》、鄭《箋》，宋學之代表是朱子的《詩集傳》。一般學者治經，不入漢學，即入宋學。姚氏治經不受漢、宋學的拘囿，純從經文之涵泳，來判斷是非。如朱子將《詩經》中之情詩三十首皆判為淫詩，姚氏對朱子所定的淫詩大都持反對態度。但朱子並未定為淫詩的〈鄭風〉〈將仲子〉，姚氏涵泳經文的結果，斷以為淫詩，他說：

---

29 見姚際恆撰：《詩經通論》，卷1，頁31。
30 見顧頡剛撰：《顧頡剛讀書筆記》，第7卷上，頁4934。

〈小序〉（按：即首句）謂「刺莊公」。予謂就詩論詩，以意逆志，無論其為鄭事也，淫詩也，其合者吾從之而已。今按此詩言鄭事多不合，以為淫詩則合，吾安能不從之，而故為強解以不合此詩之旨耶！[31]

這是姚氏涵泳詩篇本文所作的判斷。顧氏對姚氏的判斷非常的讚賞，說：「（姚氏）雖常駁朱熹淫詩之說，而獨於此從其說，知其明大是大非，不以宗派自局限也。」除了這首〈鄭風〉〈將仲子〉之外，姚氏也指出〈召南〉之〈野有死麕〉，〈邶風〉之〈靜女〉，〈鄘風〉之〈桑中〉，〈齊風〉之〈東方之日〉，皆「鄰於淫者」。顧氏對姚氏的說法，再一次的讚許說：「姚氏涵泳經文，屏除漢、宋宗派之成見，惟是是歸，可謂超絕古今者矣。」[32]

（三）稱許姚氏能引他經解《詩》

經書的詮解，或以本書為證，或以他經互證，或以史、子、集為證。姚氏博極詳書，又作《九經通論》，故能引他經來印證《詩經》中的字義。這點頗受顧頡剛肯定。如〈召南〉〈摽有梅〉一詩，《詩序》說：「男女及時也。召南之國，被文王之化。男女得以及時也。」姚氏並不滿意這種說法，另立詩旨說：

愚意，此篇乃卿、大夫為君求庶士之詩。《書》〈大誥〉曰：「肆予告我友邦君，越尹氏、庶士、御事。」〈酒誥〉曰：「厥誥毖庶邦、庶士。」〈立政〉曰：「庶常吉士。」是「庶士」為

---

31 姚際恆：《詩經通論》，卷5，頁145。

32 顧頡剛撰：《顧頡剛讀書筆記》，第7卷上，頁4946。

周家眾職之通稱，則庶士者乃國家之所宜亟求者也。[33]

對於姚氏的新說，顧氏以為：「〈摽梅〉久被人說為女求夫詩矣，姚氏以《尚書》相比，乃直指為王朝求臣之詩，與〈小星〉篇在妾媵偽說下解放一般，極有眼力。」[34]顧氏更認為姚氏因能以《詩》、《書》字句相較，故多創見。

又如〈衛風〉〈淇奧〉的「寬兮綽兮」，姚氏也引《尚書》〈無逸〉的「不寬綽厥心」，表示古代的「寬」、「綽」是善字。〈鄘風〉的〈牆有茨〉的「茨」，即《書》〈梓材〉：「既勤垣墉，其塗墍茨」之「茨」。茨，所以覆牆。言牆上有茨，本不可埽，以比中冓之言本不可道。顧氏認為姚氏能將《詩》、《書》比勘，「真義即見」。就這一點來說，因《詩》、《書》的作成時代相近，用詞也有不少相同，能將兩書用詞相比較，自可解決不少疑難。但這也惟有像姚氏精通《詩》、《書》者才能做得到。

（四）稱許姚氏通名物之學

《詩經》作成於西周至東周初年，詩篇內提到不少名物，要了解詩篇的字句，就得先了解字句中名物的意涵。由於許多名物都已亡佚，除非從地下出土，否則很難知道該名物的真正面貌。這也是宋初聶崇義作《三禮圖》，所繪之圖多與實物不太相合的原因。歷來研究《詩經》，能以實物為證的並不多。姚際恆除嗜書之外，也有不少書畫、古物的收藏，這祇要檢閱姚氏的《好古堂書畫記》，即可得到印證。也因為關心古器物，把這方面的知識應用到經書的研究，也有新的見解。

---

33 見姚際恆撰：《詩經通論》，卷2，頁58。
34 見顧頡剛撰：《顧頡剛讀書筆記》，第7卷上，頁4936。

　　顧氏對姚際恆這種以古物與經書互證的方法也頗為欣賞,如〈鄘
風〉〈君子偕老〉:「副笄六珈」,鄭玄〈箋〉云:「珈,古之制所有,
未聞。」姚際恆則補充說:

> 加于笄上,故名珈,猶今之釵頭。以滿玉為之,狀如小菱,兩
> 角向下,廣五分,高三分。予家有數枚。漢時,三代玉物多殉
> 土中,未出人間,故鄭未見。鄙儒以鄭去古未遠,謂其言多可
> 信,于此乃知真瞽說也。[35]

因為姚氏家有收藏珈三枚,所以能說出其形制和用途,這點自是鄭玄
所不及。顧氏說:「鄭玄去古雖近,而古器物學尚未發達,其不識宜
也。至宋而古器物學興,至姚氏而家多收藏,其智識富于鄭氏,自是
當然。」[36]

　　另外,〈小雅〉〈斯干〉:「載弄之璋」、「載弄之瓦」,《毛傳》云:
「半珪曰璋」、「瓦,紡塼也」,姚氏補充說明:

> 今世傳有三代玉璋,長一、二寸,至長不過三寸,其制不一。
> 有孔,可穿絲繩,故初生子可弄。瓦,《毛傳》以紡塼解之,
> 不可以塼為瓦。……予又見三代古玉,長、闊寸許,如瓦形,
> 或即是此。[37]

姚氏以為璋是一、二寸至三寸長的玉璋,瓦可能是長、闊寸許的瓦形
玉。顧氏對姚氏的補充解釋稱許說:「此可見其對於古器頗用心,故

---

35 見姚際恆撰:《詩經通論》,卷4,頁102。

36 見顧頡剛撰:《顧頡剛讀書筆記》,第7卷上,頁4941。

37 見姚際恆撰:《詩經通論》,卷10,頁292。

能用實物證經典，其人蓋程瑤田、吳大澂之流亞。」[38]

六　姚氏對顧頡剛的影響

顧頡剛從宣統元年（1909）他十七歲時開始讀姚氏的《古今偽書考》，直到一九七八年顧氏八十六歲時，仍在努力編輯《姚際恆遺書彙輯》。這七十年間研究姚際恆的成果並沒有很多，但顧氏所受到姚際恆的影響是巨大的，這點前文已略有談到。茲為更有系統的論述，再分以下數點討論：（一）啟導疑古辨偽的精神；（二）啟發孟姜女故事的研究；（三）啟導《詩經》研究的新學風。

（一）啟導疑古辨偽的精神

這是顧頡剛所受姚氏影響中最重要的一點。顧頡剛在〈我是怎樣編寫《古史辨》的？〉一文中談到他十四歲左右，躺在床上看王謨所編的《漢魏叢書》，很得意把漢、魏、六朝的書都看完了，對那一時期的學術和政治也有了理解，後來看了姚際恆的《古今偽書考》，顧氏有什麼樣的感受？他說：

> 他竟判定這些書差不多十有八、九都是假的，這就在我的腦筋裡起了一回大震盪，才明白自己原來讀的，其實並不都出於漢、魏、六朝時期人的手筆，其中有不少乃是宋、明時人的贗作。[39]

---

38 見顧頡剛撰：《顧頡剛讀書筆記》，第7卷上，頁4958。
39 見顧頡剛撰：〈我是怎樣編寫《古史辨》的？〉。

這是告訴顧氏前人的著作中有不少是偽書，並不是每本都可相信。此外，《古今偽書考》中列有經部的著作數十種，如《易傳》、《古文尚書》、《詩序》、《周禮》、《孝經》、《爾雅》等，本來都是神聖的經典，怎麼都變成偽書？又姚氏把《易傳》、《古文尚書》、《周禮》也都列入別偽類，且各有專著。這更啟導了顧氏，所謂經書並沒有那麼神聖，其中有不少是後人偽造的，即使是真經書，所記載的史事也不一定可信。

顧氏在姚氏的影響下，在民國十年（1921）給錢玄同的〈論孔子刪述六經說及戰國著作偽書書〉[40]中，已否定孔子刪述六經，並提出戰國人不但隨便編造偽事，而且已在著作偽書。以舜為例，說明「《尚書》上的〈堯典〉已是偽造，《孟子》上的引文更是因〈堯典〉去踵事增華所致」。這已認為古史是慢慢累積起來的。民國十二年（1923）四月，顧頡剛在〈與錢玄同先生論古史書〉[41]中，即提到要寫一篇〈層累地造成的中國古史〉，並以舜為例，說明古史層累的情形。這就是驚動當時學術界的「古史層累說」。要探尋顧氏這種新學說的淵源，不能不注意姚際恆這邊的線索。

（二）啟發孟姜女故事的研究

顧頡剛不但研究古代史，也研究與古史有密切關係的民間故事。研究孟姜女更是受到鄭樵和姚際恆兩人的影響。民國十年（1921）冬天，顧氏開始輯集鄭樵的《詩辨妄》，順便輯鄭氏的詩論，在《通志》〈樂略〉中見鄭氏論《琴操》的一段話：

---

40 見顧頡剛編：《古史辨》，第1冊，頁41-43。

41 見顧頡剛編：《古史辨》，第1冊，頁59-66。

> 《琴操》所言者何嘗有是事！……君子之所取者，但取其聲而
> 已。……又如稗官之流，其理只在唇舌間，而其事亦有記載。
> 虞舜之父，杞梁之妻，於經傳所言者不過數十言耳，彼則演成
> 萬千言。[42]

顧氏受「初未嘗有是事，而為稗官之流所演成」這一觀念的影響，才知道像孟姜女故事裡可能有一段複雜的因緣。但顧氏承認這個影響並不太大。民國十二（1923）年春天，顧氏讀姚氏《詩經通論》，在〈鄭風〉〈有女同車〉下，姚氏說：

> 《序》……謂「孟姜」為文姜。文姜淫亂殺夫，幾亡魯國，何
> 以贊其「德音不忘」乎！……詩人之辭多有相同者，如〈采
> 唐〉曰「美孟姜矣」，豈亦文姜乎！是必當時齊國有長女美而
> 賢，故詩人多以「孟姜」稱之耳。[43]

因為這段話讓顧頡剛想起了孟姜女，知道在未有杞梁妻的故事時，孟姜已是美女的通名。顧氏認為這是他注意孟姜女故事的第二回，詳細內容請參考第二章「顧頡剛與鄭樵」。[44]

（三）啟導《詩經》研究的新學風

《詩經》除了詩篇本文之外，又有所謂《詩序》。《詩序》是現存

---

42 見鄭樵撰：《通志二十略》（北京市：中華書局，1995年11月），〈樂略〉第1，頁910-911。

43 見姚際恆撰：《詩經通論》，卷5，頁152。

44 這套書原由中山大學語言歷史研究所，於1928至1929年間出版。1984年上海古籍出版社有重印本。

最早、最有系統解釋《詩經》各篇詩旨的文字。自漢代起，《詩經》
的解釋即受其影響。當時人以為《詩序》是子夏所作，子夏是聖人之
門人，所以《詩序》也有聖人教化的理想在內。《詩序》的權威在宋
朝初年起開始受到挑戰，到南宋初鄭樵作《詩辨妄》、朱熹作《詩集
傳》，已廢去《詩序》。清初的姚際恆在解釋《詩經》時，不但反漢學
的毛、鄭，更反宋學的朱子。對於《詩序》，他以為〈小序〉（按：即
首句）是謝曼卿作，〈大序〉（即：申述語）是衛宏作。既是漢人之所
作，就不必相信它。所以主張去《序》言詩。姚際恆有關《詩序》的
觀點在民國初年開始發酵，幾乎大部分的學者都以為《詩序》是衛宏
所作。[45]顧頡剛當然也以《詩序》為衛宏所作。這雖是民初學者論
《詩序》的共識，但追根溯源的話，必與姚際恆有關。

　　此外，在研讀《詩經》的方法上，漢唐之學由於受《詩序》的解
釋觀點的左右，釋詩也極盡附會之能事。宋人廢去《詩序》，解釋時
所能依傍的前人之言也減到最少。要體會詩意，就要從「深玩辭氣，
而得詩人之本意」[46]入手。姚際恆既不信《詩序》，他讀《詩經》的方
法也和朱子相近。所以，他說：

> 惟是涵泳篇章，尋繹文義，辨別前說，而黜其非，庶使詩不致
> 大歧，埋沒於若固、若妄、若鑿之中。[47]

這就是經典研究中的「回歸原典」。民國初年的《詩經》研究，在反

---

45 參林慶彰撰：〈民國初年的反詩序運動〉，收入中國詩經學會編：《第三屆詩經國際
　　學術研討會論文集》（香港：天馬圖書公司，1988年6月），頁260-282。
46 見王懋竑撰，何忠禮點校：《朱熹年譜》（北京市：中華書局，1998年10月），卷4，
　　頁279。
47 見姚際恆撰：《詩經通論》〈自序〉，頁16。

　　《詩序》之外，純從詩篇的本文來釋詩的相當多，如民國十一年
（1922），郭沫若有《卷耳集》，譯詩四十首，詩旨的認定，即出於郭
氏涵泳本文後的體會。民國十四年（1925）胡適在《晨報》〈藝林旬
刊〉發表〈談談詩經〉，對〈國風〉中的很多詩篇，提出了他自己的
看法；民國二十年（1931）六月，在《青年界》發表〈周南新解〉，
更是有意重新解釋詩篇詩旨的開端。就如顧頡剛來說，他在民國十四
年（1925）二月所發表的〈論詩經所錄全為樂歌〉[48]，當然也是就本
文所涵泳的結果。這種尋繹本文以求詩旨的研究法，自與朱子、姚際
恆的方法相通。但以民國初年的學術風氣來觀察，自是受姚際恆的影
響較多。

---

48 該文原發表於《北京大學研究所國學門週刊》第1卷第10-12期（1925年12月16日-30
　　日）。後收入《古史辨》，第3冊，頁608-658。

第四章
顧頡剛與崔述

一　前言

　　顧頡剛在〈我是怎樣編寫古史辨的？〉[1]一文中說：「我的《古史辨》的指導思想，從遠的來說，就是起源於鄭、姚、崔三人思想；從近的來說，則是受了胡適、錢玄同二人的啟發和幫助。」[2]鄭、姚、崔氏指鄭樵、姚際恆、崔述三人，可見顧頡剛的古史辨思想，受到鄭樵、姚際恆、崔述三位古人，和胡適、錢玄同兩位同時代學者之影響。

　　研究顧頡剛與崔述兩人之關係的論文有很多，據筆者所知有（1）路新生〈崔述與顧頡剛〉（《歷史研究》1993年4期，〔1993年8月〕）。[3]這篇論文主要在探討顧頡剛和崔述的個性、治經方法的異同，顧頡剛蒐集崔述的著作，崔述的影響。（2）吳少珉、張京華〈論顧頡剛與崔述的學術關聯〉（《洛陽大學學報》第17卷3期，〔2002年9月〕）。這篇論文描述兩人開始搜尋崔述的《考信錄》，胡適積極肯定《考信錄》，顧頡剛對《考信錄》的評價等。（3）邵東方〈論胡適、顧頡剛的崔述研究〉（《崔述與中國學術史研究》〔北京市：人民出版

1　本文原刊於《中國哲學》第2輯（1980年3月）。收入《古史辨》第1冊（上海市：上海古籍出版社，1982年3月影印本）。又見《文史哲學者治學談》（長沙市：嶽麓書社，1983年1月），頁82-112。

2　根據學者研究，顧氏受晚清今文學的影響甚深。

3　路氏的論文又收入陳其泰、張京華主編：《古史辨學說評價討論集》（北京市：京華出版社，2001年2月），頁373-396。

社，1998年4月〕）。這篇論文分〈發現崔述及其思想史背景〉、〈胡
適、顧頡剛對崔述的推崇和表彰〉、〈胡適、顧頡剛與崔述之學的關
係〉、〈胡適、顧頡剛的崔述研究之內在限制〉四節，文長七、八萬
字，可謂體大思精之作。邵先生近年出版《崔東壁學術考論》，仍收
有此篇論文，內容相同。這幾篇論文論述的重點，都把它放在學術史
的角度，以致忽略了顧頡剛編纂《崔東壁遺書》時所投注的心力和該
書編纂方法，及其對後代的影響，都未及詳論。

二　崔述的生平

　　崔述（1740-1816），字武承，號東壁，直隸大名府魏縣（今河
北）人。生於乾隆五年（1740）庚申，卒於嘉慶二十一年（1816）二
月丙子。父崔元森治經學，宗程朱，鄉試不第。母李氏以《大學》、
《中庸》授之，十四歲時，已泛覽群書。乾隆二十八年（1763）舉
人，專心撰寫《考信錄》。翌年與成靜蘭結婚，乾隆三十年（1765）
返回魏縣，設館授徒。乾隆三十四年（1769）赴京會試不第，訪孔廣
森。在乾隆三十八年（1773）著〈救荒策〉。嘉慶元年（1796）被任命
為羅源縣知縣，有廉聲。嘉慶六年（1801），因病乞休，以著述自娛。

　　崔述治學主要在疑古辨偽，指責當世漢學家「但以為漢儒近古，
其言必有所傳，非妄撰者」，又斥其「但據後人之訓詁，遂不復考前
人之記載」。臨終前將所作裝為九函，並留下遺囑。著書三十四種，
凡八十八卷，道光四年（1824）門人陳履和匯刻為《崔東壁先生遺
書》。日本漢學家那珂通世（1851-1908）[4]，加上標點，於明治二十九

4　那珂通世的生平資料，可參考田中正美〈那珂通世〉一文，收入江上波夫編：《東
　　洋學の系譜》（東京都：大修館書店，1992年11月），頁1-12。此書已有林慶彰譯

年（1896）四月，由日本史學會出版。

　　崔述之學始終被學者排斥於乾嘉之流以外。阮元編輯的《皇清經解》和王先謙編輯的《皇清經解續編》，均不收崔述的《考信錄》，張澍則斥責崔述：「陋儒無識」。[5]張維屏說：「其著書大旨，謂不以傳註雜於經，不以諸子百家雜於傳註。以經為主，傳註之合於經者著之，不合者辨之。異說不經之言，則辟其謬而削之。述之為學，考據詳明如漢儒，而未嘗墨守舊說而不求其心之安；辨析精微如宋儒，而未嘗空談虛理而不核乎事之實。然勇於自信，任意軒輊者亦多。」[6]

　　早在光緒三十一年（1905）八月薤照在《東方雜誌》第二卷七期（1905年8月20日）發表〈崔東壁學術發微〉。這位作者所以特別關心崔氏的思想，大概是受到那珂通世的影響。光緒三十三年（1907）劉師培作〈崔述傳〉，刊於《國粹學報》第三卷七期，顧頡剛將其收入《崔東壁遺書》中。這些傳記資料並不難找，經學者整理，有下列數條：

1. 陳履和《勅授文林郎福建羅源縣知縣崔東壁先生行略》（見道光四年刊《崔東壁先生遺書》附）
2. 唐鑒《國朝學案小識》卷十四
3. 李元度《國朝先正事略》卷三十六
4. 張維屏《國朝詩人徵略》二編卷三十五
5. 陶梁《國朝畿輔詩傳》
6. 咸豐三年《大名府續志》〈文苑傳〉

本，改名為《近代日本漢學家》第1集（臺北市：萬卷樓圖書公司，2015年7月），那珂氏的資料見頁1-9。

5　見張澍：〈關崔氏說〉，收入《養素堂文集》（道光十七年棗華書屋刻本）。

6　張維屏：《國朝詩人徵略》第2編（臺北市：明文書局，1985年），《清人傳記叢刊》本，卷35。

    7. 閔爾昌《碑傳集補》卷三十九

    8. 清史編館《清史列傳》卷六十八

    9. 趙爾巽《清史稿》〈儒林三〉

   10.《大清畿輔書徵》卷三十三〈崔述小傳〉

   11.劉師培〈崔述傳〉,《國粹學報》第三卷七期,光緒三十三年

       (1907)[7]

這些傳記資料,由於編纂各書的目的不同,篇幅長短也不一。在各種
資料中,以李元度的《國朝先正事略》中傳記資料和著作書目,比較
完備。顧頡剛說在十二、十三歲時即已讀過李元度的《國朝先正事
略》。[8]李元度的書,作成於同治初年,由曾國藩作〈序〉,在日本流
傳甚廣,日本學者知道有崔述這個人,最初是透過李元度這本書。同
樣地,國內學者也透過此書了解崔述,顧氏見到《國朝先正事略》所
收的《考信錄》書目,大為驚訝的說:

> 其中有〈崔東壁先生事略〉一篇,說他著有《補上古考信
> 錄》、《唐虞考信錄》、《夏考信錄》、《商考信錄》、《豐鎬考信
> 錄》、《洙泗考信錄》,把西周以前的歷史和孔子個人的歷史,
> 作出了細密的考辨,于是大量的傳記中許多失真的記載給他一
> 掃而空了,這豈不是一件大快事!但這部偉大的著作,直到我
> 大學畢業時還沒有看見,因為它的流行量太小了。[9]

7　李慶:〈崔東壁遺書和二十世紀初中日兩國的疑古思潮〉,《學術集林》第10卷(上
　　海市:遠東出版社,1997年)

8　顧潮所著:《顧頡剛評傳》(南昌市:百花洲文藝出版社,1995年11月),把此事繫
　　於顧頡剛14、5歲(1906、1907)時,見該書頁29-31。

9　顧頡剛著:〈我是怎樣編寫《古史辨》的?〉。

顧氏雖然知道崔述書的偉大，但直到大學畢業，還沒有見過該書，原因是該書的「流行量太小了」。流行量太小，也許可能，但一本好書絕不會自動送上門，必須鍥而不捨的找，才有可能找到。顧氏是民國九年（1920）七月自北京大學畢業[10]，二十八歲。當時，崔述的《考信錄》的版本已有多種；

> 1. 清道光四年（1824）陳履和編《崔東壁先生遺書》本
> 2. 清光緒五年（1879）王灝刊刻《畿輔叢書》本
> 3. 日本明治三十六年（1903）那珂通世標點本

其中，《畿輔叢書》本是流傳很廣的，很容易就可以買到。可見顧氏並沒有刻意去找。

三　搜尋崔東壁的遺書

清道光四年（1824）崔述弟子陳履和將蒐集來的崔述著作刊行，稱為《崔東壁先生遺書》，民國十三年（1924）上海古書流通處根據這個版本影印。為了以下討論方便，我們先把道光四年陳履和刊本的子目臚列如下：

> 考信錄三十六卷
> 考信錄提要二卷　道光二年（1822）刊本
> 補上古考信錄二卷　道光二年（1822）刊本
> 唐虞考信錄四卷　道光二年（1822）刊本

---

10 見顧潮著：《顧頡剛年譜》（北京市：中國社會科學出版社，1993年3月），頁55。

夏考信錄二卷　嘉慶二十二年（1817）刊本

商考信錄二卷　嘉慶二十二年（1817）刊本

豐鎬考信錄八卷　嘉慶二十二年（1817）刊本

洙泗考信錄四卷　道光四年（1824）刊本

豐鎬考信別錄三卷　道光四年（1824）刊本

洙泗考信餘錄三卷　道光四年（1824）刊本

孟子事實錄二卷　道光二年（1822）刊本

考古續說　道光四年（1824）刊本

考信附錄　道光四年（1824）刊本

王政三大典考　道光四年（1824）刊本

　三代正朔通考一卷　道光四年（1824）刊本

　經傳禘祀通考一卷　道光四年（1824）刊本

　三代經界通考一卷　道光四年（1824）刊本

讀風偶識四卷　道光四年（1824）刊本

古文尚書辨偽二卷　道光四年（1824）刊本

論語餘說一卷　道光四年（1824）刊本

五服異同匯考三卷　道光四年（1824）刊本

易卦圖說一卷　道光四年（1824）刊本

無聞集四卷　道光四年（1824）刊本

　　清光緒五年（1879）王灝刊刻《畿輔叢書》，從陳履和刊本《崔東壁先生遺書》中選了十四種，收入該叢書中。這是《崔東壁遺書》初期流傳的情況。日本漢學家那珂通世根據清道光四年（1824）陳履和刊本，重新標點，於明治三十六年（1903）出版。宣統元年（1909）顧頡剛十七歲，曾向孫宗弼借得姚際恆《古今偽書考》，讀後受極大震動，以為他在二十歲以前，所受的學術上的洪大的震盪，

只有兩次，他說：

> 第一次是讀了一本監本《書經》，又讀了一篇《先正事略》中
> 的〈閻若璩傳〉，第二次就是這一回，翻看了一部《漢魏叢
> 書》，又讀了一本《古今偽書考》。我深信這兩次給予我的刺戟
> 深深地注定了我畢生的治學的命運，我再也離不開他們的道路
> 了！[11]

顧氏受到第一次震盪所讀的《先正事略》，是指李元度的《國朝先正
事略》中有〈閻若璩傳〉。李氏的〈閻若璩傳〉，論及閻若璩考辨古文
《尚書》之偽，這些書都是考古辨偽的著作，很合顧氏的胃口。第二
次是王謨的《增訂漢魏叢書》和姚際恆的《古今偽書考》。《漢魏叢
書》所收大都為假託漢魏人著作的偽書。從《漢魏叢書》可以知道偽
書的內容，從《古今偽書考》可以知道偽書的種類和考辨方法。知道
有哪些偽書，學者蒐集治學材料時應特別小心。

　　〈校點古今偽書考序〉所說的，那時姚氏學術影響到顧頡剛的哪
些方面，必須將兩人的著作仔細作比對，才能得到較正確的答案。從
這裡我們可以理解，顧頡剛所提到的古人，受姚際恆的影響最早，受
崔述的影響是比較晚的。雖然，顧頡剛說他在十二、三歲時讀李元度
《國朝先正事略》中的一篇〈崔東壁先生事略〉所錄崔述的著作書
目，說是偉大的著作，但直到民國九年（1920）十二月十五日他寫信
給胡適，說到：

---

11 顧頡剛：〈校點古今偽書考序〉，收入林慶彰主編：《姚際恆著作集》（臺北市：中央
　研究院中國文哲研究所，1994年6月），第5冊，頁350-363。

清代人辨證古史真偽的，我知道有二大種，而都沒有看過：一是崔述的《東壁遺書》，一是林春溥的《竹柏山房叢書》。[12]

十二月十八日胡適給顧頡剛的信說：

崔述的《東壁遺書》，我沒有。林春溥的《竹柏山房叢書》，我有全部。你要看，可以拿去看。此兩書中，只有關於考證古史的部分可以抽出。崔氏書有日本人那珂通世的新式圈點校印本，可惜此時不易得了。我已託人尋去。[13]

民國十年一月二十四日胡適給顧頡剛的信說：

近日得崔述的《東壁遺書》（還不是全書，乃是《畿輔叢書》本，只有十四種，但《考信錄》已全），覺得他的《考信錄》有全部翻刻的價值，故我決計將此書單行，作為《國故叢書》的一種。[14]

一月二十五日顧頡剛給胡適的信說：

《考信錄》這部書，我想看了好久了，到琉璃廠問了兩回，書易得而價不能出，所以至今還沒有看見。[15]

---

12 顧頡剛：〈告擬作《偽書考》跋文書〉，《古史辨》（臺北市：明倫出版社，1970年），第1冊，頁14。

13 胡適：〈告擬作《偽書考》長序書〉，《古史辨》，第1冊，頁15。

14 胡適：〈告得《東壁遺書》書〉，《古史辨》，第1冊，頁19。

15 顧頡剛：〈論偽史及《辨偽叢刊》書〉，《古史辨》，第1冊，頁20。

一月二十八日胡適的回信說：

> 《考信錄》在清代要算一大奇書，你肯任標點，那是極好的
> 了。我想此書太多，不必重鈔，可即用《畿輔叢書》本點讀。
> 我當再買一部供此用，因我此部已被我批點過了。
> 《考信錄》甚多使人失望處，你看了便知。但古今來沒有第二
> 個人能比他的大膽和辣手的了。以後你的「偽史考」即可繼此
> 而起，把他的判斷再細細判斷一回。……送上《考信錄》二、
> 三、四、五冊。[16]

接著，胡適又給顧頡剛一封信說：

> 玄同先生信五頁，論崔述書附上，請看了還我。我現正在物色
> 陳刻全本。日本刻本，我明天去託人訪求。[17]

可見，胡適要找陳履和刊本，也要託人購買那珂通世的標點本，所託
之人即日本漢學家青木正兒（1887-1964）。[18]青木和胡適有來往，《支
那學》[19]創刊號出版後，青木寄了一本給胡適，胡適在民國九年（1920）
九月回信答謝，兩人書信往來很頻繁。胡適馬上託青木查尋姚際恆和
崔述的著作，態度非常積極。不久，錢玄同給胡適一封信說：

16　胡適：〈自述古史觀書〉，《古史辨》，第1冊，頁22-23。
17　胡適：〈轉致玄同先生論崔述書〉，《古史辨》，第1冊，頁27。
18　青木正兒的生平資料，可參考水谷真成〈青木正兒〉一文，收入江上波夫編：《東
　　洋學の系譜》，頁261-270。江上的書已有林慶彰譯本，改名為《近代日本漢學家》
　　第1集，青木的資料在頁187-192。
19　雜誌名。日本京都大學支那學會機關刊物。大正9年（1920）9月，第1卷第1號創
　　刊，昭和22年（1947）8月，第12卷第5號停刊。

你說崔東壁是二千年來的一個了不得的疑古大家，我也是這樣
的意思。我以為推倒漢人迂謬不通的經說，是宋儒；推倒秦漢
以來傳記中靠不住的事實是崔述；推倒劉歆以來偽造的《古文
經》是康有為。……崔述推倒傳記雜說，卻又信《尚書》、《左
傳》之事實為實錄。……道光二年陳履和刻的《東壁遺書》才
是全璧。日本史學會鉛印本（四巨冊），就是翻陳本，加上句
讀和引號，做上索引。此部最佳，但此時恐買不到。[20]

這封信是在說明宋人不喜歡漢人，所以崔述就起來推翻了秦漢以來傳
記中靠不住的史事，崔述推倒傳記雜說，卻又相信《尚書》、《左傳》
之事實為實錄。日本史學會鉛印本的《東壁遺書》才是最完整的本
子。從上面所錄的五封來往書信，可以看出當時的辨偽活動是由胡適
來推動，顧頡剛等人來執行。顧頡剛大概比較執著於點書，所以胡適
要他去找《考信錄》，他由於沒有下功夫去找，根本找不到。

另外，我們可以知道顧頡剛開始研究崔述，是在民國十年
（1921）左右，起先是很賣力的作標點，他把崔述的著作一本一本接
著點下去，民國十一年（1922）至十二年（1923）校點《考信錄》到
民國十五年（1926）全部結束，花費時間有六年之久。補入的資料比
陳履和的《崔東壁遺書》要多出約四分之一。

四　重編《崔東壁遺書》

顧頡剛開始標點《崔東壁遺書》，是在民國十年（1921），民國十
五年已點校完，而書是直到民國二十六年（1937）才出版，中間有十

---

20 錢玄同：〈與胡適之書〉，《古史辨》，第1冊，頁27-28。

餘年的時間，為何耽擱這麼久，這點胡適在《崔東壁遺書》的〈序〉
已先說明：

> 他要收羅的最完備，不料材料越收越多，十幾年的耽擱，竟使
> 這部書的內容，比任何《東壁遺書》加添了四分之一。[21]

胡適認為所以耽擱的原因是因為材料收集得越來越多，這是顧氏治學
的一種特色，也可以說是一種缺點。看他的《讀書筆記》就可以明瞭
顧氏為什麼沒留下一本代表作？因為顧氏有蒐集資料的癖好，所以他
編定的《崔東壁遺書》比其他版本的《崔東壁遺書》內容加添了四分
之一。錢穆的〈序〉也說：

> 顧君於東壁書，謀為標點行世，顧鄭重其事，不欲倉卒瀆於
> 成。積十年乃卒業，而所收遺稿視前益豐。[22]

錢穆認為顧頡剛為了慎重其事，花費十年的工夫才完成，資料也更加
豐富。至於增加的資料內容是什麼，顧氏的〈序〉有詳細的說明：

> 不幸我的好求完備的癖性，覺得應當把有關本書的材料輯出，
> 列為附錄，作「論世知人」之一助；這樣一來，範圍就放寬
> 了，出版之期就延長了。[23]

21　胡適：〈崔東壁遺書序〉，見顧頡剛編：《崔東壁遺書》（上海市：亞東圖書館，1937
　　年），第1冊，頁1。顧氏編輯的《崔東壁遺書》有亞東圖書館版、上海古籍出版社
　　版兩種版本，所收資料略有出入。以下引用時，分別加註「亞東版」、「上海古籍
　　版」，以免混淆。
22　錢穆：〈崔東壁遺書序〉，見顧頡剛編：《崔東壁遺書》（亞東版），第1冊，頁2。
23　顧頡剛：〈崔東壁遺書序〉，見顧頡剛編：《崔東壁遺書》（亞東版），第1冊，頁2。

顧氏因為好求完備的個性，與本書相關的資料，都要全數收入，書的份量就變很大，出版時間也延後了。顧氏的〈序〉又說：

> 起先，我們所看見的只是道光本《遺書》而已。不久，嘉慶本《書鈔》找得了，《書鈔》的改訂本也找得了。在這方面，使我們對於東壁先生的學問進展，得到更清楚的認識。還不只這些，東壁夫人的《二餘集》發見了，東壁先生的《知非集》和《莜田賸筆》也發見了，他的幼妹《針餘吟稿》也發見了，甚至於他的弟弟德皋先生的詩文集和雜著一大宗都發見了。以前，我們要求知道他的事蹟，只有死守著一部《遺書》和陳履和所作的一篇〈行略〉，要去分年繫事，終有許多闕疑的地方，現在則因新材料的發見而得確定了，他們的家庭狀況也更明瞭了。[24]

以前只能看見道光本《東壁遺書》，後來又找到《崔東壁書鈔》，還找到崔氏的《知非集》、《莜田賸筆》，崔氏夫人的《二餘集》，幼妹的《針餘吟稿》等人的資料陸續發現，這些都要收進去。《遺書》的內容也越來越豐富。當然，顧氏這部書所以資料那麼完備，是有許多人協助完成的，這點顧氏也不敢掠人之美，把有幫助過他的人一一列名，並表達深深的感謝之意。

　　將顧頡剛所編的《遺書》，與陳履和的《崔東壁先生遺書》，兩相比較，可以看出顧氏書中的甲前編和丙後編，都是陳履和的書所沒有的，這都是顧頡剛苦心收集來的。茲將顧氏書新收集資料稍加分析，

---

24 顧頡剛：〈校點古今偽書考序〉，收入林慶彰主編：《姚際恆著作集》，第5冊，頁27-28。

以見顧氏重新編輯時所下的功夫，也使這部《崔東壁遺書》成為各種版本收錄最完整的。

（一）前編部分，有五種類型的資料

1 新序

所謂新序，是指胡適、錢穆、顧頡剛為《崔東壁遺書》所作的序。

2 序目

收崔述〈東壁先生自訂全集目錄〉、王灝〈崔東壁遺書目〉（《畿輔叢書》本）和顧頡剛、趙貞信所作的敘錄，計有《考信錄》三十六卷、〈讀風偶識〉四卷的提要、崔述〈考信錄自序〉、陳履和〈校刊考信錄例言九則〉、汪廷珍〈考信錄序〉、蕭元桂〈崔東壁先生遺書序〉、楊道生〈崔東壁先生遺書題詞〉、那珂通世〈書重刊崔東壁遺書目錄後〉、那珂通世著，于式玉譯〈考信錄解題〉（原發表於《史學雜誌》第十三編七號〔1902年7月〕）、洪業〈崔東壁書版本表〉、趙貞信〈各種書鈔遺書版本攝影〉。

3 傳狀

收崔述傳記五篇：

（1）〈勅授文林郎福建羅源縣知縣崔東壁先生行略〉陳履和附〈崔東壁先生行略跋〉　劉大坤

（2）〈大名崔先生學案〉（學案小識卷十四）　唐鑑

（3）崔東壁先生事略（附陳履和）　李元度

（4）崔述傳（附弟邁）《大清畿輔先哲傳》卷二十三　徐世昌

（5）崔述傳《國粹學報》第三十四期　史篇　劉師培

4 科學的古史家崔述、胡適

本文為胡適等人研究崔述之第一長文，先發表於《國學季刊》第一卷二號（第一章〈家世〉和第二章〈年譜上〉）。後胡適要到歐洲，把此事交給顧頡剛，最後由趙貞信完成。此文內容極為豐富，是研究崔氏必須參考的著作。

5 崔東壁先生故里訪問記

這篇訪問記，是民國二十年（1931）四月七日，顧頡剛等一行人從邯鄲出發，到河北大名參訪崔述故里的訪問記錄，四月十一日回到邯鄲，這個訪問記錄就是在寫這次考察所得的經過。考察的資料應該收集不少，所以可以寫出兩萬多字的考察報告。

（二）本書部分

收陳履和所刊《崔東壁遺書》二十一種，另外，陳履和所未刻的《無聞集》也收入本篇內。

　　1. 崔東壁遺書細目
　　2. 考信錄提要（二卷）
　　3. 補上古考信錄（二卷）
　　　以上前錄二種
　　4. 唐虞考信錄（二卷）
　　5. 夏考信錄（二卷）
　　6. 商考信錄（二卷）
　　7. 豐鎬考信錄（八卷）
　　8. 洙泗考信錄（四卷）
　　　以上政錄五種

9.豐鎬考信別錄（三卷）

10.洙泗考信餘錄（三卷）

11.孟子事實錄（二卷）

12.考古續說（二卷）

13.考信附錄（二卷）

　以上後錄五種

14.王政三大典考（三卷）

　（1）三代正朔通考

　（2）經傳禘祀通考

　（3）三代經界通考

15.讀風偶識（四卷）

16.古文尚書辨偽（二卷）

17.論語餘說（一卷）

　以上翼錄四種

18.五服異同匯考（三卷）

19.易卦圖說（一卷）

　以上雜著二種

20.無聞集（四卷）

　以上文集一種

21.崔東壁遺書引得（洪業）

〈崔東壁遺書細目〉和洪業的〈崔東壁遺書引得〉，都是顧頡剛重編《遺書》時所加入。

（三）後編部分

　　未收入陳履和所刊《崔東壁遺書》的新發現的資料，分成十類：

1.胡適輯《崔東壁先生佚文》

2.崔述《知非集》

3.成靜蘭《二餘集》

4.崔幼蘭《針餘吟稿》

5.崔述《苁田賸筆殘稿》

6.崔邁《崔德皋先生遺書四種》

7.顧頡剛、趙貞信輯《崔東壁先生親友事文彙輯》

8.顧頡剛輯《評論》

9.顧頡剛輯《評論續輯》

10.趙貞信〈初刻本校勘記〉

顧頡剛重編的《崔東壁遺書》，花費顧氏十餘年的時間，資料收集相
當完備，也創新體例，大量收錄與崔述相關的資料，顧氏書的前編和
後編，都是陳履和的書所沒有的。也開創編全集應順便收集相關資料
的風氣，今人所編的古代學者之全集或文集，大都附有相關資料，足
見顧氏編集方法對學者的影響。

　　顧頡剛除了重編《崔東壁遺書》外，從他所寫的《日記》，也可
看出他在民國十三年（1924）二月開始「竟日輯選《東壁集》」。他在
二月十七日的《日記》中說：「竟日為商務館選輯《崔述》完畢，《東
壁集》選畢，凡得百篇」[25]，這裡的《崔述》和《東壁集》是何種關
係？沒有其他佐證資料，後來商務印書館好像也無出版二書的消息。
他在民國十三年底（1924）到十四年（1925）三月，都在注解《崔
述》此書，可見顧頡剛研究崔述的工作做得相當密集。再來，三月廿
七日「校《崔述》選本中之《無聞集》訖」，顯然此《崔述》和前面提

---

25 見《顧頡剛日記》，第1冊（1913-1926）（臺北市：聯經出版公司，2007年5月），頁
　454-456。

到的《崔述》，應是指同一件事情。《日記》七月七日「圈出《崔述》
應注處。覆看《洙泗錄》」、七月八日「圈出《崔述》應注處，畢。覆
看《洙泗錄》」、七月廿一日「作出《崔述》注二十條」，從以上引文
可以知道，《崔述》一書應是崔述作品的選集，由顧頡剛選定。

　　但是，十二月廿三日《日記》又載「與適之先生相商，即日編
《崔述》一書，傳為卒歲之資」，此處提到的《崔述》與上述提到的
《崔述》是何種關係？很難釐清。從十二月廿四日開始，每天都在注
解《崔述》，一直到民國十四年（1925）的一月二十日暫時停止，三
月三日又開始作注解，到三月十四日又停止。[26]這本《崔述》應該是
胡適要顧頡剛去編輯的崔述作品選集，其中又有顧頡剛的注解，應該
是頗有學術價值，但是商務印書館並沒有出版過此書的消息。如果是
這樣，顧頡剛的心血也可以說是白費了。

五　上海古籍版《崔東壁遺書》

　　一九八三年上海古籍出版社又出版顧頡剛編《崔東壁遺書》，本
來以為是亞東版的影印本，後來發覺兩種書的內容有不少差異，從這
裡可看出顧頡剛對此套書的重視。茲先將上海古籍版的目次抄錄如
下，以做為比較的根據。

　　　崔東壁遺書序
　　　崔東壁遺書細目（顧頡剛）
　　　考信錄提要二卷
　　　補上古考信錄二卷
　　　　以上前錄二種

---

26 見《顧頡剛日記》，第1冊（1913-1926），頁564-598。

唐虞考信錄二卷

夏考信錄二卷

商考信錄二卷

豐鎬考信錄八卷

洙泗考信錄四卷

　　以上正錄五種

豐鎬考信別錄三卷

洙泗考信餘錄三卷

孟子事實錄二卷

考古續說二卷

考信附錄二卷

　　以上後錄五種

王政三大典考三卷

　　三代正朔通考

　　經傳禘祀通考

　　三代經界通考

讀風偶識四卷

古文尚書辨偽二卷

論語餘說一卷

　　以上翼錄四種

五服異同彙考三卷

易卦圖說一卷

　　以上雜著二種

無聞集四卷

　　以上文集一種

崔東壁先生佚文

從這個目次來觀察，可以發現上海古籍版和亞東版有數點不同：

　　其一，更換文章的內容，最明顯的是，抽換顧頡剛的序文。亞東版顧頡剛的序文僅僅六頁，上海古籍版的序長達七十一頁，專門討論歷代的造偽與辨偽，全文分為二十一小節，節目如下：（1）古人缺乏歷史觀念，（2）戰國、秦、漢間好古者的造偽，（3）孔子對於歷史的見解，（4）戰國以前的古史是「民神雜糅」的傳說，（5）墨子的託古，（6）種族融合過程中造成的兩大偶像，（7）孟子的託古，（8）陰陽五行說所編排的古史系統，（9）道家的託古，（10）戰國與西漢的

疑古,（11）司馬遷與鄭玄的整齊故事,（12）東漢的疑古,（13）萌芽階段的結論,（14）三國、六朝的造偽與辨偽,（15）唐代的辨偽,（16）宋代辨偽的發展,（17）明代的造偽與辨偽,（18）清代的辨偽,（19）崔述的《考信錄》,（20）唐以後辨偽的發展趨勢,（21）標點問題。可說是一篇簡明扼要的辨偽學史。

　　其二,刪去某些篇章。上海古籍版顧頡剛〈序〉文後有王煦華的〈附記〉,說:「新版《崔東壁遺書》的校訂工作,是在顧師生前親自指導下進行的。他說所收的附錄材料,其中有些對了解崔述的思想和生平,用處不大,可以刪去。」根據這個原則,後編部分刪去顧頡剛、趙貞信合輯的〈崔東壁先生親友事文彙輯〉、趙貞信〈初刻本校勘記〉。

　　其三,重新編排資料的順序,原來亞東版將全書分為甲、乙、丙三編,甲是前編,收五種類型的資料,第一類是〈新序〉,收胡適、錢穆、顧頡剛三人的〈序〉,顧氏的序太短,以長序取代,胡適、錢穆的〈序〉,被安排到附錄中〈關於本書的評論〉中。第二類〈序目〉,第三類〈傳狀〉,第四類〈科學的古史家崔述〉,第五類是顧頡剛、趙貞信等〈崔東壁先生故里訪問記〉。乙是本書,收崔氏《考信錄》和其他相關著作。丙是後編,原書收錄胡適輯〈崔東壁先生佚文〉,崔述《知非集》、成靜蘭《二餘集》、崔幼蘭《針餘吟稿》、崔述《菆田賸筆殘稿》,被調整至《無閒集》之後。《崔德皋先生遺書》被調整至附編。這樣的調整,比較符合全集編輯的規範。

　　唯一可議者,將亞東版胡適和錢穆的〈序〉放到〈關於本書的評論〉裡,這個安排可謂失當。序的文體和評論本質上有很大的不同,胡適和錢穆兩人的序,是為亞東版《崔東壁遺書》不折不扣的序,上海古籍版要處理這兩篇序,可以把他安排在附錄裡,雖仍舊不理想,但總比現在的位置要好一點。

六　顧頡剛對崔述的評價

顧頡剛對崔述的研究，是從《考信錄》開始的。在民國十年（1921）一月胡適購買了《崔東壁遺書》中的《考信錄》，送交顧頡剛閱讀，這是顧氏第一次接觸到崔述的著作，想見崔述應該會相當的高興，所以顧氏應該馬上閱讀。首先提出「古史層累說」，這個說法對當時及後來的學者都有很大的影響，利用這個觀點來看中國的經典，中國的經典也被打得七零八落，他認為他的古史考辨的指導思想，從遠的來說是受到鄭樵、崔述、姚際恆的影響，從近的來說，是受胡適、錢玄同的影響，可見顧頡剛與崔述有相當密切的關係。顧頡剛一拿到崔述的著作就開始日以繼夜地加以點校，由此可見，他對崔述著作喜愛的程度，非一般人可比。這一節我們來討論顧頡剛對崔述的評價。顧頡剛說：

> 崔述從小就有分析的習慣，所以分得出各種事態的層次，懂得各家學說的演化。他覺得一種學說不是突然出現的，所以要尋出它的前後左右的關係。這樣一來，就是很亂的材料，也就會了解它的秩序。[27]

此是顧頡剛褒獎崔述治學方法有很大的特點，崔述的研究方法是把一種學說要形容出它前後左右的關係，這樣一來，混亂的材料也可以得到妥當的安排。

---

27 顧頡剛：〈崔東壁遺書序〉，《崔東壁遺書》（上海市；上海古籍出版社，1983年6月），頁61。

（一）對《考信錄》的評價

顧頡剛在一九二一年一月卅一日給胡適的信中說：

> 《考信錄》已讀兩冊，大快。他（崔述）雖但疑史傳雜說而仍
> 信經，令人不滿意，但經到底少，史傳雜說則很多，他把難的
> 地方已經做過一番功夫，教我們知道各種傳說的所由始了，由
> 此加功，正是不難。[28]

這封信已提到崔述雖然懷疑史傳雜說，但仍相信經，令人不滿意。胡
適和錢玄同等人，他們並不相信有經書，所以他們把古代的經書看成
古代的史料，既然是史料，就有記載真或不真的問題。崔述本於傳統
的觀念，他相信經的權威，所以史傳雜說跟經相違背的地方，他寧可
相信經的記載，這一點與古史辨學派的理念並不完全相合。此外，顧
頡剛又說：

> 我弄了幾時辨偽的工作，很有許多是自以為創獲的，但他（崔
> 述）的書裡已經辨證得明明白白了，我真想不到有這樣一部規
> 模弘大而議論精銳的辨偽的大著作已先我而存在！我高興極
> 了，立志把它標點印行。[29]

崔述的辨偽工作，顧頡剛證明他辯證得已經清清楚楚，他認為崔述這
一本《考信錄》是一本規模宏大而議論精銳的辨偽大著作，這本著作
在他之前兩百年就已經出現。顧頡剛讀此書，遂有相見恨晚之感。可

---

28 顧頡剛：〈論偽史例書〉，收入《古史辨》，第1冊，頁28。
29 顧頡剛：〈自序〉，《古史辨》，第1冊，頁45-46。

見崔述的著作在研究學術史上的重要性，但學界人士並不重視他，到了顧頡剛，崔氏才大大的受到關注。顧頡剛又說：

> 我二年以來，蓄意要辯論中國的古史，比崔述更進一步。崔述的《考信錄》確是一部極偉大又極細密的著作，我是望塵莫及的。我自知要好好的讀十幾年書，才可追得上他。[30]

顧頡剛也提到崔述的考辨思想非常先進，考辨先秦諸子及夏商周古史的想法，在崔述都已經完成，所以他自認為比不上崔述，要好好地讀十幾年書才可追得上他。

崔述以為後世所傳的古代史大半是先秦諸子假造的，顧頡剛又說：

> 崔述研究了一世的古代史，運用司馬遷「考信於六藝」的方法，以經書裡的記載來駁斥諸子百家裡的神話和傳說，做成了這部不朽的巨著──《考信錄》。他以為後世所傳的古史，大半是戰國諸子所假造的，主張信史起自唐、虞，唐、虞以上便不甚可稽考了。我們今日講疑古辨偽，大部分只是承受和改造他的研究。[31]

顧頡剛的說法是民國初期的大部分學者共通的理念，以為古代史是後人偽造的。其實，古代史的真偽問題，不是那麼簡單，必須要認真對待它才容易找出頭緒來，不能認為古代史都是先秦諸子所造。顧頡剛又說：

---

30 顧頡剛：〈與錢玄同先生論古史書〉，《古史辨》，第1冊，頁59。
31 顧頡剛：〈崔東壁遺書序〉，《崔東壁遺書》（上海古籍版），頁60。

到了十八世紀的九十年代，崔述發揮了他的極大勇氣，加上沉潛三十年的功力，作了一部《考信錄》，把戰國、秦、漢間所說的上古、夏、商、西周以及孔子、孟子的事情全部考證了一下，結果推翻無數偽史，又系統地說明了無數傳說的演變。雖是他牽纏於聖道王功的偶像作用，還不能把這個工作做得徹底，究竟他已經斧鑿開山，後人就他的基業上進展容易了不少。[32]

崔述的《考信錄》把上古到秦漢間的史事，以及孔子、孟子的事蹟，都作了詳細的考證。因此，推翻不少偽史，但嚴格來說辨偽還做得不徹底，後人跟隨他的腳步前進，會容易許多。崔述稱呼先秦的古史叫做偽史，這是相當具有偏見的說法。古代學者寫作時所能利用的資料非常的少，所以就把當時的傳說和神話等等也納進去，這是很不得已的事情，並非有意作偽。顧頡剛又說：

他（崔述）所著的《考信錄》，真是清代史學研究上的一部奇書，其目光的敏銳和史學方法的嚴謹，在近代史學界上可說已發生了巨大的影響。[33]

由於顧頡剛與崔述的學術興趣相吻合，所以他對《考信錄》的評價就相當的高，他認為是一生中受到最大影響的兩件事情之一。他唯一對《考信錄》的不滿，是崔述太相信經而不相信史傳雜說，以為先秦諸子的書都是後人偽造的。但是，我們如果拿出《考信錄》好好閱讀，

---

32 顧頡剛：〈崔東壁遺書序〉，《崔東壁遺書》（上海古籍版），頁59。
33 顧頡剛：《當代中國史學》（臺北市：新文豐出版公司，1982年），頁126。

就會發現該書中有許多問題，尚未徹底解決，這些顧頡剛也有所了解，所以他在點校《考信錄》時，也有與崔述不同的意見出現。

（二）經書著述的依據

中國的經、注、疏是經典詮釋的精華所在，是各家研究經典詮釋最重要的資料，大體上古代的學者都同意這種看法，但經注疏必須要分清楚。崔述提到「不以傳註雜於經」就是從事經書考據最基本的信念，他在小時候就已經有這種思想了。民國時期的學者完全繼承了這種觀念。所以，顧頡剛研究《周易》時，認為把經傳分開來研究，就是把《周易》的經文和《易傳》（又稱十翼）分開來詮釋。後來，李鏡池、屈萬里、高亨等《周易》專家，雖然表面上都說是受古史辨學派的影響，但是追溯他們思想的根源應來自崔述。

顧頡剛對崔述的不滿，是因為他太相信經，這前面已有所論述。顧頡剛又說：

> 只有司馬遷和崔述，他們考信於六藝；凡六藝所沒有的，他們都付之不聞不問。這確是一個簡便的對付方法。但六藝以外的東西並不曾因他們的不聞不問而失其存在，既經有了這些東西，難道研究歷史的人可以閉了眼睛不看嗎？況且就是六藝裡的材料也何嘗都是信史，它哪裡可以做一個審查史料的精密的標準呢？所以他們的不信百家之言而信六藝，乃是打破了大範圍的偶像而崇奉小範圍的偶像，打破了小勢力的偶像而崇奉大勢力的偶像，只掙得「以五十步笑百步」的資格罷了。[34]

---

34 顧頡剛：〈自序一〉，《中國上古史研究講義》（北京市：中華書局，1988年），頁1。

考信六藝，就是以六藝作為考證的根據。崔述的做法是凡六藝所沒有的，他就不聞不問，顧頡剛說這是一個簡便的對付方法，但是六藝以外的東西並不因他不聞不問而失去其存在。顧頡剛批評他不信百家之言而信六藝，乃是打破了大範圍的偶像而崇奉小範圍的偶像。顧頡剛又說：

> 從前人以為傳記即是經，注、疏必得經意，把二千餘年陸續發生的各家學說視為一件東西。因此這個方法，看來雖很平常，但「不以傳註雜於經」的一個考信的基礎方法，崔述即於幼時養成了。[35]

經學的發展有宋學和漢學兩個系統，漢學的代表人物應該是毛公、鄭玄、孔穎達等人，宋學的代表人物應該是朱熹、鄭樵、胡安國等人。顧頡剛相信鄭樵、崔述的說法，而批判毛公、鄭玄的說法，本來站在比較偏重宋學的立場來看問題，所以他要批判毛公和鄭玄。顧頡剛又說：

> 我很怕別人看了我表彰鄭樵、崔述諸人的文字，就說我做了他們的信徒而來反對毛公、鄭玄，所以現在在此附帶聲明一句：我對鄭樵、崔述諸人決無私愛；倘若他們的荒謬有類於毛公、鄭玄，我的攻擊他們也要和對於毛公、鄭玄一樣。[36]

顧頡剛因為太崇拜鄭樵和崔述等人的著作，因此顧氏特別表彰他們。在別人看來，顧氏好像是鄭樵、崔述等人的信徒，顧頡剛否認這種觀

---

35 顧頡剛：〈崔東壁遺書序〉，《崔東壁遺書》（上海古籍版），頁60-61。
36 顧頡剛：〈自序〉，《古史辨》，第1冊上編，頁82。

點，他認為他對鄭樵、崔述等人絕無私愛，倘若崔述有像毛公、鄭玄那樣的大錯誤，顧氏對他們的攻擊，也會像對毛公、鄭玄一樣。這是顧氏對他治學態度的表白。但是，顧氏雖然這樣講，他對經書的態度就不是很客觀。

顧頡剛在褒獎崔述之餘，也特別指出崔述著作的兩點不足：

> 第一點，他著書的目的是要替古聖人揭出他們的聖道王功，辨偽只是手段。……所以他只是儒者的辨古史，不是史家的辨古史。第二點，他要從古書上直接整理出古史蹟來，也不是妥穩的辦法。因為古代的文獻可徵的已很少，我們要否認偽史，是可以比較各書而判定的，但要承認信史，便沒有實際的證明了。[37]
> 總之，他〔崔述〕根本的誤處，是信古史系統能從古書中建立起來，而不知古書中的材料只夠打破古史系統，而不夠建立古史系統。這個問題，康有為已經抉摘出來了。[38]

邵東方先生說：「顧頡剛對崔述的這一批評容易使人們產生誤解，即以為現存的古代文獻對於重建古史無足輕重，其結果只能使人們停留在古書辨偽的層次，而忽視這些彌足珍貴的傳世文獻。」[39]

最後顧頡剛指出他跟崔述不同的地方：

> 在亞東版《崔東壁遺書》中，梁隱說崔述是「考諸經以信

---

37 顧頡剛：〈與錢玄同先生論古史書〉，《古史辨》，第1冊中編，頁59。
38 顧頡剛：〈崔東壁遺書序〉，《崔東壁遺書》（上海古籍版），頁64。
39 邵東方：《崔述學術考論》（桂林市：廣西師範大學出版社，2009年），第5章，頁235。

史」，我則是「求於史以疑經」，這把我和崔走的不同路線，指
出的最明白。我只是借《考信錄》作我工作的階梯或工具而
已，本未嘗作崔氏的信徒也。所謂求於史者，不但各種文獻
也，考古所得文物及一切社會現象皆是，其範圍至廣。[40]

顧頡剛說他只是藉《考信錄》作為工作的階梯或工具，未嘗做崔述的
信徒，可見顧頡剛雖然推崇崔述，但他們對待經學的態度還是有很大
的差別。崔述是尊經的，他認為《尚書》、《左傳》之事實為實錄，顧
頡剛認為經書與聖人無關，是一堆不太可信的上古史料。由於顧頡剛
很堅持自己的看法，時而批評崔述的說法，在這一方面他有相當客觀
的態度；但是對於談到經書的作者和本質問題時，他的態度就顯得很
不客觀。

---

40 顧頡剛：《顧頡剛讀書筆記》（臺北市：聯經出版事業公司，1990年8月），第10卷，
頁7863。

第五章
顧頡剛與錢玄同

一　前言

　　從近代學術史的角度來看，顧頡剛是位考辨古代文獻的史學家。他花費一生的精力在考辨古代的典籍，如就經學來說，經書本是聖人之書，經學是聖人之學，在古代是神聖不可侵犯的，顧頡剛卻極力剝去加在經書上的外衣，想回復經書的原始面貌。在顧氏和師友的努力推動下，經書逐漸失去它的神聖性，只不過是一堆未經整理的上古史料而已。如從古代史的角度來觀察，他提出「古史層累說」，認為古代史中的人物事蹟，是經過歷代層層累積而成，要了解古代史的真面目，就應將層層的包裹褪去。他這一說法在近代學術史上造成了巨大的影響，到現在仍餘波盪漾。

　　錢玄同（1887-1939）在大家的印象裡，是位國語運動的推動者，然細究他的一生，除推動國語運動外，他也是當時提倡文學革命的一員大將。又因為他既師事古文學家章太炎，又師事今文學家崔適，所以他能徹底了解今古文學的優劣點及其侷限，認為應打破經今古文學的藩籬，重新來審視經學。他認為辨偽，辨「偽事」比辨「偽書」更重要，偽事即指古書所述不合理的事蹟，這就指導了當時古史考辨運動的方向。

　　顧頡剛與錢玄同各有其專注的學術領域，他們之間的學問有否交集？顧頡剛在〈我是怎樣編寫《古史辨》的？〉一文中說：「我的古史辨的指導思想，從遠來說，就是起源於鄭（樵）、姚（際恆）、崔

（述）三人思想。從近的來說，則是受了胡適、錢玄同二人的啟發和幫助。」[1]可見，顧頡剛的古史考辨思想，受到鄭樵、姚際恆、崔述等三位古人，和胡適、錢玄同兩位同時代學者的影響。他與錢玄同的關係，學者尚未多加關注。為釐清兩人論學的內容，及顧頡剛所受到的影響，特撰本文。

二 論古書辨偽問題

顧頡剛最早和錢玄同接觸的時間，相關的文獻並沒有記載。從民國九年（1920）年起，胡適和顧頡剛就開始蒐集姚際恆的相關著作，並開始點讀姚際恆的《古今偽書考》。在民國十年（1921）錢玄同給胡適一封信，大概談到將辨偽書從王充起至崔適止，編集在一起。顧頡剛到胡適家，見到錢玄同的這封信，就在民國十年（1921）一月二十一日跟錢玄同寫了一封信。這封信題名為〈論辨偽叢刊分編分集書〉。內容可分成為兩方面，一是編輯辨偽叢刊事，顧氏的信說：

> 昨天在適之先生處見到先生的信，說辨偽書從王充起（剛意可以從《七略》起）至崔適止，總集攏來，這件事我很贊成。我以為現在著手的幾種可以稱做《辨偽叢刊》第一集，將來再集到十萬字的左右時，做二集、三集，如先生標點的《偽經考》，便可獨居一集。這樣辦法，先生以為如何？[2]

顧頡剛想編輯辨偽叢刊，想把已著手進行的幾種，稱做《辨偽叢刊》

---

1 見《文史哲學者治學談》（長沙市：嶽麓書社，1983年1月），頁82-112。
2 見顧頡剛編著：《古史辨》（臺北市：明倫出版社，1970年3月重印本），第1冊，頁23。

第一集，將來再編二、三集。把這種做法向錢玄同徵詢意見。另一方面是討論辨偽時，是專在「偽書」上或并及於「偽事」？顧頡剛的信說：

> 我有一個疑問，我們的辨偽，還是專在「偽書」上呢？還是并及於「偽事」呢？像《論衡》，雖有〈書虛〉等篇，而他所疑的，乃是不當有此事實，並不是說這本書是偽，所以采及《論衡》便是辨及「偽事」。這樣做法，範圍放得大些。我們或者拿辨「偽事」的算做《辨偽叢刊》的「甲編」，辨「偽書」的算做「乙編」，《論衡》這部書，就可算做甲編的第一集，先生以為何如？[3]

這一部分，顧頡剛請教錢玄同，所謂辨偽是專在辨「偽書」，還是要兼及「偽事」，如果兼及偽事，就可以把辨「偽事」的算做《辨偽叢刊》的「甲編」，辨「偽書」的算做「乙編」，並打算將《論衡》這部書算做甲編的第一集。錢玄同接到顧頡剛的信後，於一月二十七日回了一封信，題名為〈論近人辨偽見解書〉。信中提到前代學者真可憐，天天在讀偽書，死而不寤。他強調辨偽的目的「在於得到某人思想或某事始末之真相，與善惡是非全無關係」，他舉有關孔子的事說：

> 即以孔二先生而論：假使〈禮運〉是偽書，《春秋繁露》非孔學之真，則「大同」之義，「三世」之說，縱極精美，卻不可認為真孔學；假使《墨子》〈非儒篇〉或《莊子》〈盜跖篇〉等不但非偽書，而且所記是實錄，則我們雖甚愛孔二先生，也不能

3　《古史辨》，第1冊，頁23。

替他遮掩剝人家衣裳的拆梢行徑和向土匪磕頭禮拜的醜態。[4]

這段話在強調，假使〈禮運〉是偽書，《春秋繁露》非孔學之真，則書中的「大同」之義，「三世」之說，都不可認為是真孔學。如果《墨子》〈非儒篇〉、《莊子》〈盜跖篇〉不但非偽書，且所記是實錄，我們也不必為孔子的行為避諱。

至於顧頡剛所問，辨偽是專在辨「偽書」或并及於「偽事」？錢玄同的回答是：

> 我以為二者宜兼及之，而且辨「偽事」比辨「偽書」尤為重要。崔東壁、康長素、崔觶甫師諸人考訂「偽書」之識見不為不精，只因被偽事所蔽，儘有他們據以駁「偽書」之材料，比「偽書」還要荒唐難信的。[5]

錢玄同強調辨「偽事」比辨「偽書」更為重要，崔述、康有為、崔適等人考訂「偽書」的識見甚為精到，但因被「偽事」所蔽，用以駁「偽書」的材料，比「偽書」還荒唐難信。錢玄同舉了三個例子為證：

1. 康長素《孔子改制考》中攻擊劉歆所說孔子作六經之旨，而自己乃引「緯書」來說孔子作六經之旨。
2. 夏穗卿《中國歷史教科書》第二冊中明明說秦漢儒生糅合方士之言為非孔學之真，而反以桓譚、張衡之闢圖讖為非。
3. 崔觶甫師《春秋復始》斥《左氏》、《穀梁》二傳後出，其事

---

4 《古史辨》，第1冊，頁24。
5 《古史辨》，第1冊，頁24。

實不足信，顧反尊信比《左》、《穀》更後出之何休之說。
（何休《公羊解詁》中肊測之史事，崔師皆信之。）[6]

由這三個例子，他認為辨「偽事」比辨「偽書」更為重要。像孟子之疑〈武成〉，《韓非子》〈顯學篇〉、《論衡》之〈書虛〉、〈藝增〉，《史通》之〈疑古〉、〈惑經〉等疑古材料，應蒐羅齊備，擇要擇善，點校印行，實「有功藝林不淺」。

　　顧頡剛於一月二十九日給錢玄同回了信，題名為〈論辨偽工作書〉。他強調以「文氣」、「文格」來辨偽並不確實，錢玄同對音韻文字之學很有研究，如能從文法上去考究，真不知道可以發現多少偽跡！對於錢玄同批評康有為等人所以辨偽成果不佳，顧頡剛也作了解釋：

> 先生說康有為一輩人考訂偽書的識見不為不精，然而反信了讖緯，尤其荒唐難信。我想，讖緯之為偽造，康、夏等亦未嘗不「心知其意」，但有了一個「今文學家」的成見橫梗胸中，不能不硬擺架子罷了。這種的辨偽，根本先錯了。[7]

顧頡剛認為康有為、夏曾知所以引用讖緯，是因有今文學家的成見橫梗胸中，所以才如此。顧頡剛並告訴錢玄同，辨「偽事」的，各家文集及筆記中常看得見。若是每人每月各人看三、四部書，隨時摘出，一年總可出幾本。[8]

　　民國十年（1921）三月二十三日，錢玄同跟顧頡剛回信，題名〈論今古文經學及辨偽叢書書〉，信中討論兩件事，一件是論今古文

6　《古史辨》，第1冊，頁24-25。

7　《古史辨》，第1冊，頁26。

8　《古史辨》，第1冊，頁26。

經學，另一件是論辨偽叢書事。關於辨偽叢書，錢玄同曾聽胡適說過顧頡剛開過《辨偽叢刊》的書單，但已找不到。要求顧頡剛再抄一份給他。另外，錢玄同以為《辨偽叢刊》中，除專著《考信錄》、《偽經考》等專書以外，可將文集、筆記裡關於辨偽文字裁篇別出，編成「辨偽叢著」，也作為「辨偽叢書」中的一種。錢玄同並舉例說，如《論衡》之〈儒增〉、〈藝增〉、〈書虛〉、〈正說〉，《史通》之〈疑古〉、〈惑經〉，朱晦庵之〈詩序辨說〉，章太炎之〈徵信論〉等，可合為一編，列為《辨偽叢刊》之一。

四月二日顧頡剛回了信，題名為〈答編錄辨偽叢刊書〉，對錢玄同所述作了積極的回應。錢玄同要求提供《辨偽叢刊》目錄，顧也重抄了一份。信中又說到，所謂辨偽，約有三方面：一是偽理，二是偽事，三是偽書。其中「偽理」一部分本沒有一定標準，可以不必管他。又以為上次信中，曾舉《論衡》全書為《辨偽叢刊》甲編之一，實在是當時疏忽，感謝錢玄同之糾正。因《論衡》大都是辨「偽理」，這種是非，要請哲學科學家來判斷，若把它拉攏在內，則《荀子》的〈非相〉、《墨子》的〈非命〉也要拉進來，不勝其繁，錢玄同把這方面刪去，專就「偽事」、「偽書」兩方面著手，令人敬佩。[9]

信中又提到，以前曾想把《辨偽叢刊》分為兩編，甲編辨「偽事」，乙編辨「偽書」。顧頡剛認為此種觀點也有不對的地方，因為像《考信錄》是辨「偽事」的，內中也有辨「偽書」；《偽經考》是辨「偽書」的，內中也有辨「偽事」。所以，主張把兩編打通，不設什麼界限。另外，顧頡剛對於錢玄同所說將各家文集或筆記中關於辨偽的文章裁篇別出，稱為「辨偽叢著」，則以為不必要，像《學海堂經解》那樣，不論全載的或刪節的，都在一個名目下即可。[10]書信之

9　《古史辨》，第1冊，頁32。

10　《古史辨》，第1冊，頁33。

外，另附有〈擬辨偽叢刊條例〉五條及顧氏所擬《辨偽叢刊》目錄。

三　論六經的性質問題

　　錢玄同處於今古文之爭餘波盪漾的時代，他於光緒三十二年（1906）在日本早稻田大學留學時，拜章太炎為師，又於宣統三年（1911），在故鄉吳興，向崔適請業。所以，對今古文都有深刻的認識。民國十年（1921）三月二十三日，他在給顧頡剛的信，〈論今古文經學及辨偽叢書書〉中，自述他從一九〇九年至一九一七年間頗宗今文家言。一九〇九年讀了劉逢祿和龔定庵之書，才背叛章太炎而宗今文家言，但也只是排斥《左氏傳》而已，對《古文尚書》、《毛傳》，並不在排斥之列。而魯恭王得壁經一事，也不疑其為子虛烏有。自一九一一年讀了康有為的《新學偽經考》和崔適的《史記探源》兩部書以後，才開始專宗今文。這是錢氏自述他專宗今文學的經過。錢氏又認為康有為的《新學偽經考》是因為變法而作，而崔適篤信今文過於天帝。他們兩人，一個是利用孔子，一個是抱殘守缺，但錢氏仍相信他們的考證精當者居多。錢氏又自述他有關今古文的看法說：

　　　　我前幾年對於今文家言是篤信的，自從一九一七以來，思想改變，打破「家法」觀念，覺得「今文家言」什九都不足信。但古文之為劉歆偽作，則至今仍依康、崔之說，我總覺得他們關於這一點的考證是極精當的。我現在以為古文是假造的，今文是口說流行，失其真相的，兩者都難憑信，不過比較起來，還是今文較可信些。咱們若欲知孔學之真相，僅可於《論語》、《孟子》、《荀子》、《史記》諸書求之而已。[11]

11　《古史辨》，第1冊，頁30-31。

錢氏從一九一七年以後思想改變，以為古文是假造的，今文是口說流行，失其真相，兩者都不可相信。他認為要了解孔學真相，僅可從《論語》、《孟子》、《荀子》、《史記》等書中求。

討論辨偽時，不免要涉及群經的辨偽問題。在民國十年（1921）十一月五日錢玄同給顧頡剛的〈論編纂經部辨偽文字書〉裡，特別強調經部辨偽之重要：

> 我以為「經」之辨偽與「子」有同等之重要——或且過之。因為「子」為前人所不看重，故治「子」者尚多取懷疑之態度，而「經」則自來為學者所尊崇，無論講什麼，總要徵引它、信仰它，故「偽經辨證集說」之編纂尤不容緩也。[12]

錢氏認為經書本來就被看重，大家徵引、信仰它，所以要編「經部辨證集說」來戳破它的假面具。他並指導顧頡剛，這部書應該怎麼編錄。他提出的原則有二，一是「後人用前人成說者，若全襲前人，毫無增加，即不必錄；若稍增加，則選錄增加之一部分」。例如康氏《偽經考》，辨《逸禮》的全襲邵位西（邵懿辰），則單錄邵說可也。康氏辨《春秋》，以《左傳》之「五十凡」等為劉歆所附益，乃全襲劉逢祿《左氏春秋考證》，則但錄劉氏之說已足。而說《左傳》本是《國語》之一部分，不但不名《春秋左氏傳》，就是《左氏春秋》這個名目也是本來沒有的，此為康氏所發明，應該選錄，列劉說之後。二是「前人但隱約其詞，且無明確之證據，而後人辨駁精當，突過前人的，則略載前說而詳錄後說」，例如辨《毛詩》之偽，以康氏為最明快，應全錄其說，康氏以前亦有疑《毛序》之文，則略載較精采者已足。

---

12 《古史辨》，第1冊，頁41。

　　當日顧頡剛收到信，即給錢玄同回信，題名〈論孔子刪述六經說及戰國著作偽書書〉。顧氏認為如果這本經部辨偽的書完成，便可能進一步推翻「孔子刪述六經」這句話。顧氏本來就不贊同孔子刪述六經，他在這信裡，對這問題表示了意見。他說：

> 六經自是周代通行的幾部書，《論語》上見不到一句刪述的話。到《孟子》，才說他作《春秋》，到《史記》，才說他贊《易》、序《書》、刪《詩》，到《尚書緯》，才說他刪《書》，到清代的今文家，才說他作《易經》、作《儀禮》。總之，他們看著不全的，指為孔子所刪，看著全的，指為孔子所作。其實，看劉知幾的〈惑經〉，《春秋》倘使真是孔子作的，豈非太不能使「亂臣賊子懼」了嗎？看萬斯同的疑《今文尚書》及《詩三百篇》，《書》、《詩》若果是孔子刪的，孔子真是獎勵暴君，提倡淫亂了。看章學誠的〈易教〉，《儀禮》倘果是孔子作的，孔子也未免僭竊王章了。「六經皆周公之舊典」一句話，已經給今文家推翻，「六經皆孔子之作品」一個觀念，現在也可駁倒了。[13]

他認為歷來大家把刪經、作經的事全附會在孔子身上，從劉知幾、萬斯同、章學誠等人的論辨，可以證明前人說法大多是附會。六經既非周公之舊典，也非孔子之作品。

　　民國十二年（1923）二月二十五日顧頡剛給錢玄同寫信，說到要為《國學季刊》撰文，題目是〈層累地造成的中國古史〉，並申述其內容。同年五月二十五日，錢氏作了〈答顧頡剛先生書〉，除贊同顧氏的「古史層累說」外，大部分的篇幅在論述六經的性質。他自述在

---

13 《古史辨》，第1冊，頁41-42。

十二年前看了康有為的《偽經考》和崔適的《史記探源》，知道古文經是劉歆等人偽造。後來看了康有為的《孔子改制考》，知道經中所記的事實，十之八九是儒家的託古，沒有信史的價值。又看了葉適的《習學記言》、萬斯同的《群書疑辨》、姚際恆的《詩經通論》和《禮記通論》、崔述的《考信錄》等書，才知道六經本非周公之政典，也非孔子託古之著作。既無信史的價值，也無哲理和政論的價值。錢氏對六經的形成，作了如下的推論：

　　1. 孔丘無刪述或制作六經之事。

　　2.《詩》、《書》、《禮》、《易》、《春秋》，本是各不相干的五部書。

　　3. 把五部書配成六經，是因《論語》中有「子所雅言，《詩》、《書》，執禮」和「興於詩，立於禮，成於樂」，加上孟子有「孔子作《春秋》」之說。惟何以配入《易經》，並不明白。

　　4. 六經的配成，當在戰國之末。

　　5. 自從六經之名成立，許多古書，每一道及，總是六者並舉。[14]

錢氏又認為要考究孔子的學說和事蹟，《論語》的資料最可信。他統計《論語》中引到各經的次數是：

　　1. 引《詩》有十八則。

　　2. 引《書》有四則。

　　3. 引樂有六則。

　　4. 引《易》有三則。

　　5. 總說有三則。[15]

14　《古史辨》，第1冊，頁69-70。

15　《古史辨》，第1冊，頁71。

關於禮的話，《論語》中雖然最多，但大都是論禮意的，和《儀禮》全不相干。關於《春秋》的話，一句也沒有。錢氏對《論語》所引各經的條目，一一加以分析，最後的結論是六經與孔子無涉，也就是孔子既沒作六經，也沒刪經書。

那麼，六經到底是什麼性質的書？錢氏認為：

1. 詩：是一部最古的總集。其中小部分是西周底詩，大部分是東周的詩。

2. 書：似乎是三代時候的「文件類編」或「檔案彙存」，應該認它為歷史。

3. 禮：《儀禮》是戰國時代胡亂鈔成的偽書。《周禮》是劉歆偽造的。[16]《兩戴記》中，十分之九都是漢儒所作的。

4. 樂：樂本無經，而古文家造出竇公獻大宗伯之大司樂章之說，是想冒充「樂經」。

5. 易：原始的易卦是生殖器崇拜，乾、坤二卦是兩性生殖器的記號。[17]

16 錢玄同對《儀禮》和《周禮》的看法，都不正確。《儀禮》的作者唐代時出現周公所作的說法，清代今文學興起，出現孔子手定的說法。這些說法，都不足信。一般以為《儀禮》是戰國時之作品，並非偽書。《周禮》的作者，眾說紛紜，但自錢穆作〈劉向歆父子年譜〉和〈周官著作時代考〉二文後，已很少人相信是劉歆偽作。

17 原始的《易》卦是取法於什麼，尚無定論。屈萬里先生以為受龜腹甲的啟示。屈先生有〈易卦源於龜卜考〉，見《書傭論學集》（臺北市：聯經出版事業公司，1984年7月，《屈萬里全集》第14冊），頁48-69。近來出土不少數字卦的符號，都可證明《易》卦非生殖器崇拜。相關論文有：（1）徐錫臺、樓宇棟：〈西周卦畫試說——周原卜甲上卦畫初探〉，《中國哲學》第3輯（1980年8月），頁13-19。（2）張政烺：〈試釋周初青銅器銘文中的易卦〉，《考古學報》1980年第4期（1980年10月），頁403-416。（3）張政烺：〈易辨——近幾年根據考古材料探討周易問題的綜述〉，《中國哲學》第14輯（1988年1月），頁1-15。（4）戴璉璋：〈出土文物對易學研究的貢獻〉，《國文天地》第3卷第9期（1988年2月），頁26-29。

6. 春秋：王安石說它是「斷爛朝報」，梁啟超說它是「流水賬簿」，都是極確當的。

錢氏認為「六經之中最不成東西的是《春秋》」，但因孟子的表彰，兩千年中，除劉知幾外，沒有人敢懷疑它。又認為兩千年中學者研究六經，以漢儒為最糟。他們不但真偽不辨，且還作偽。清儒以為漢儒去先秦未遠，其說必有所受，實在是上了漢儒的當。

四　論《詩經》和《春秋》真相問題

在討論群經問題時，必然會涉及個別的經書。因為歷來都是將六經當作為聖經看待的，《詩經》和《春秋》也是如此。就《詩經》來說，詩中含有聖人的道德教訓在內。顧頡剛則極力撇清孔子與《詩經》的關係，認為《詩經》只不過是當時的歌謠而已。為了證明《詩經》與孔門沒有關係，顧頡剛將反傳統的《詩經》著作，加以輯佚和整理，當時正在著手的是輯錄鄭樵的《詩辨妄》。

民國十一年（1922）二月十九日，顧頡剛給錢玄同寫信，題名為〈論詩經歌詞轉變書〉，信中提到《詩辨妄》輯錄的情形，希望錢玄同能為該書作一篇序。另外，顧頡剛說他想作一篇〈歌謠的轉變〉的文章，說明〈唐風〉中的〈杕杜〉和〈有杕之杜〉同是一首乞人之歌；〈邶風〉中的〈谷風〉和〈小雅〉中的〈谷風〉同是一首棄婦之歌；〈小雅〉中的〈白駒〉和〈周頌〉中的〈有客〉同是一首留客之歌。這些都是一首的分化，不是各別的兩首。顧氏認為由此也可以證明〈風〉、〈雅〉、〈頌〉只是大致的分配，並沒有嚴密的界限。[18]

---

18 後來，鄭振鐸用這種方式來分析《毛詩序》詩旨之不合理，見鄭氏撰：〈讀毛詩序〉，《小說月報》14卷1期（1923年1月）。

　　二月二十二日錢玄同給顧頡剛回了信，題名〈論詩經真相書〉，提到他很願意為《詩辨妄》作〈序〉，〈序〉的內容打算要寫出下列三點：

1. 《詩經》只是一部最古的「總集」，與《文選》、《花間集》、《太平樂府》等書性質全同，與什麼「聖經」是風馬牛不相及的。這書的編纂，和孔老頭兒也全不相干，不過他老人家曾經讀過它罷了。

2. 研究《詩經》，只應該從文章上去體會出某詩講的是什麼。至於那什麼「刺某王」、「美某公」、「后妃之德」、「文王之化」等等話頭，即使讓一百步，說作詩者確有此等言外之意，但作者既未曾明明白白地告訴咱們，咱們也只好闕而不講；——況且這些言外之意，和藝術底本身無關，儘可不去理會它。

3. 將毛學究、鄭獸子底文理不通處舉出幾條，「昭示來茲」。[19]

這三點，其實有很重要的意義，如以為《詩經》根本不是聖經，與孔子也全不相干，研究《詩經》應從文章上去體會某詩的意思，不必去管言外之意。嘲諷毛公為毛學究，鄭玄為鄭獸子，即表示對他們的說法表示不屑。這幾項說法，基本上成為後來《古史辨》學者的指導思想。

　　經過將近一年，在民國十二年（1923）二月九日，錢玄同向顧頡剛寫了〈論詩說及群經辨偽書〉。信中認為這一年中所見顧頡剛「東鱗西爪」之詩說，覺得無一不好。希望顧氏能將《詩經》好好地整理

---

19 《古史辨》，第1冊，頁46-47。

一番。「救詩於漢宋腐儒之手，剝下它喬裝的聖賢面具，歸還它原來
的文學真相。是很重要的工作」。在信中特別提到牟庭有《詩切》一
書，未刊行。但牟庭的兒子牟房刻《雪泥屋遺書目錄》，把〈詩切
序〉和〈詩篇義〉刊在裡面，錢氏準備把這兩部分標點印行。錢氏又
提到李慈銘《越縵堂日記》第十五冊《桃花聖解盦日記》〈丁集〉中
把牟氏的著作大罵一頓，內容是：

> 1. 默人之學，盡棄古說，專任肊斷，持論不根。
> 2. 嚮壁虛造，無所取資，恃其精心，敢於立異。
> 3. 夜郎自大，恣意肆言，卒為學究之傖荒，經儒之梟賊。[20]

專門批評《詩切》的話，則說：「痛攻《毛詩》，悉反《小序》，甚至
改定篇名，蓋近病狂之言。」又舉牟氏新說三十餘條，目為「風狂囈
語，名教罪人」。錢氏認為李慈銘是見解極淺略的人，逆揣牟氏書中
必多精義。他看了〈詩切序〉和〈詩篇義〉，果然有很多新穎的議
論。認為「不讓姚際恆底《詩經通論》，方玉潤底《詩經原始》與龔
橙底《詩本誼》，而且比姚、方與龔三人還要大膽」。[21]

　　民國十二年（1923）二月二十五日，顧頡剛在上海，他給錢玄同
回了信，題名為〈論詩經經歷及老子與道家書〉，說到鄭振鐸要他做一
篇《詩經》的論文，他擬定了〈詩經的厄運與幸運〉的題目。認為
《詩經》的厄運是：

> 1. 戰國時詩失其樂，大家沒有歷史的知識，而強要把《詩經》

---

20 《古史辨》，第1冊，頁51。
21 《古史辨》，第1冊，頁51。

亂講到歷史上去，使得《詩經》的外部蒙著一部不自然的
歷史。

2. 刪詩之說起，使《詩經》與孔子發生了關係，成了聖道王化
的偶像。

3. 漢人把三百五篇當諫書，看得《詩經》完全為美刺而作。

4. 宋人謂淫詩宜刪，許多好詩險些兒失傳。[22]

所謂《詩經》的幸運，顧頡剛是指：

1. 詩篇有了一個結集，不致隨許多逸詩一齊亡了。

2. 漢人不當它尋常的詩歌看，所以《漢書》〈藝文志〉中許多
歌詩完全亡失，而此巍然僅存。

3. 宋代歐、鄭、朱、王輩肯求它的真相，不為傳統的解釋所
拘；雖然蒙蔽之處還是很多，到底露一線曙光。

4. 到現在，可以一點沒有拘束，赤裸裸地把它的真相表顯出來
了。[23]

顧頡剛說他做了半個月，只做完第一項的厄運，計分五節，即：（1）
傳說中的詩人與詩本事；（2）周代人的用詩；（3）孔子對於詩樂的態
度；（4）戰國時的詩樂；（5）孟子說詩。他自認這篇文字解決了幾個
問題，但匆忙間恐免不了錯誤。

除了討論《詩經》中的問題外，民國十四年（1925）三月十六
日，錢玄同寫信給顧頡剛，題名為〈論春秋性質書〉，請教有關《春

---

22 《古史辨》，第1冊，頁53。
23 《古史辨》，第1冊，頁53。

秋》的問題，錢氏認為《春秋》只有兩個絕對相反的說法可以成立：

1. 認它是孔二先生的大著，其中蘊藏著許多「微言大義」及「非常異義可怪之論」，當依《公羊傳》及《春秋繁露》去解釋它。這樣，它絕對不是歷史。

2. 認它是歷史。那麼，便是一部魯國底「斷爛朝報」，不但無所謂「微言大義」等等，並且是沒有組織，沒有體例，不成東西的史料而已。這樣，便決不是孔二先生做的；《孟子》書中「孔子作《春秋》」之說，只能認為與他所述堯、舜、禹、湯、伊尹、百里奚底事實一樣，不信任它是真實。孔丘底著作究竟是怎麼樣的，我們雖不能知道，但以他老人家那樣的學問才具，似乎不至於做出這樣一部不成東西的歷史來。[24]

錢玄同認為他近年來是主張後一說的，也就是主張《春秋》不是孔子所作。

三月二十一日，顧頡剛作了回信，題名〈答書〉。顧氏認為他對《春秋》經的意見，和錢玄同相同，顧氏提出六點理由：

1. 《論語》中無孔子作《春秋》事，亦無孔子對於「西狩獲麟」的歎息的話。

2. 獲麟以後定為「續經」，沒有憑據。《春秋》本至「孔丘卒」，儒者因如此則不成為孔子所作，所以揀了一段較為怪異的記載——獲麟——而截止。以為此前為孔子所作，孔子所以作《春秋》是為了「感麟」，此後便為後人所續。

---

24 《古史辨》，第1冊，頁275-276。

3. 如果處處有微言大義，則不應存「夏五」、「郭公」之闕文。存闕文是史家之事。

4. 《春秋》為魯史所書，亦當有例，故從《春秋》中推出些例來，不足為奇。

5. 《春秋》中稱名無定，次序失倫，如果出於一人之手，不應如是紊亂。何況孔子的思想是有條理的，更何至於此。可見其出於歷世相承的史官之手。

6. 孟子以前無言孔子作《春秋》的，孟子的話本是最不可信。[25]

此外，顧氏又對何以有孔子作《春秋》之說，提出自己的看法：

1. 《春秋》為魯史官所記的朝報。這些朝報因年代的久遠，當然有闕文，又因史官的學識幼稚，當然有許多疏漏的地方。

2. 孔子勸人讀書，但當時實無多書可讀，《詩》、《書》是列國所共有的，《易》與《春秋》是魯國所獨有的，均為七十子後學者所讀之書。

3. 《春秋》當然不至「孔丘卒」而止，但因儒者的尊重孔子，故傳習之本到這一條就截住了。如此，《春秋》就髣髴是儒家所專有的經典了。

4. 《春秋》成為儒家專有的經典之後，他們尚不滿意，一定要說為孔子所作。於是又在「西狩獲麟」截住，而說孔子所以作《春秋》是因於「傷麟感道窮」。

5. 自有此說，於是孟子等遂在《春秋》內求王道，公羊氏等遂在《春秋》內求微言大義。經他們的附會和深文周納，而

---

25 《古史辨》，第1冊，頁276-277。

《春秋》遂真成了一部素王手筆的經典。[26]

顧氏並不認為《春秋》是孔子所作，而是要說明《春秋》所以成為儒家經典，又成為孔子著作的經過。[27]

民國十四年（1925）九月二十二日，錢玄同才跟顧頡剛回信，題名〈論獲麟後續經及春秋例書〉。信中提到《春秋》中獲麟以後的「續經」並非魯史之書，是劉歆偽造的。然後討論到《左傳》和《國語》的關係，錢氏認為「《左傳》是真書，但它是《國語》底一部分，並非《春秋》的傳」，並舉例比較兩者之關係。可見錢玄同這一方面的想法，頗受康有為《新學偽經考》的影響。

民國二十年（1931）三月七日，錢玄同為顧頡剛點校的《左氏春秋考證》作〈左氏春秋考證書後〉，說到他早年看了劉逢祿的《左氏春秋考證》，就不信任《左傳》。他認為一百年來的今文學運動是近代學術史上極為光榮的事，它的成績有兩方面：一是思想的解放，二是偽經和偽史料的推翻。錢氏認為偽經的推翻，劉氏的《左氏春秋考證》是第一部，自此書出版以後，考辨偽古文經的著作相繼出現，至康有為作《新學偽經考》，偽經之公案才定讞。可見錢氏肯定劉逢祿《左氏春秋考證》有先推倒古文經的功勞。

五　論「古史層累說」

「古史層累說」是古史辨學派的中心思想，對近代中國史學產生

26　《古史辨》，第1冊，頁277-278。

27　《春秋》是否為孔子所作，正反意見極多。肯定《春秋》為孔子所作，最具代表性的著作，是張以仁先生所著：〈孔子與春秋的關係〉，收入張先生撰：《春秋史論集》（臺北市：聯經出版事業公司，1990年1月），頁1-59。

巨大的影響。可是這古史層累的觀念，是從顧頡剛與錢玄同的通信
中，慢慢形成的。

　　民國十年（1921）一月二十一日，顧頡剛給錢玄同的〈論辨偽叢
刊分編分集書〉，問到辨偽是專在「偽書」上，還是要并及「偽
事」？一月二十七日，錢玄同給顧頡剛的回信〈論近人辨偽見解書〉
中，明確的告訴顧頡剛，辨偽事比辨偽書更重要。偽事是指古書中所
記載不實的事蹟，這種不實事蹟，是因時間的經過而逐漸累積起來
的。後來，顧頡剛所提出的「古史層累說」，應該溯源到他們兩人這
次的通信。

　　民國十年（1921）十一月五日，顧頡剛給錢玄同的〈論孔子刪述
六經說及戰國著作偽書書〉，信中提到戰國人不但造偽事，也造偽
書。他以舜作為例子，舜在孔子時只是個沒有事蹟的古帝，門弟子問
孝的這般多，孔子絕沒有說到舜身上，可見舜在那時還沒有孝的名
望。孔子之後，有人做了一部〈堯典〉，說了「父頑，母嚚，象傲，
克諧以孝」的話，舜也成了孝子。到孟子時，大家更造了他許多孝
蹟，「焚廩捐階」是他，「號泣旻天」是他，「五十而慕」是他，「不告
而娶」是他，「夔夔齊慄」是他，甚而代他解決「瞽瞍殺人」的問
題，可見他當時已成了孝的楷模。[28]顧氏這段話是強調舜有關孝的事
蹟，是慢慢附加上去的，就是古史是層層累積的。只是沒有提出「古
史層累」的名詞而已。

　　同年十一月八日，顧頡剛又給錢玄同寫了〈論堯舜伯夷書〉，信
中提到，《論語》中說堯是「蕩蕩乎民無能名」，說舜是「無為而
治」，都是沒有事蹟而加美之辭。恐怕在孔子時，堯、舜原不過是
「若存若亡」的兩個古帝。因無事蹟，只可說「無能名」和「無

28 《古史辨》，第1冊，頁42。

為」。又舉伯夷、叔齊為例，《論語》中稱伯夷、叔齊凡四次：一云
「不念舊惡，怨是用希」；一云「求仁而得仁，又何怨」；一云「餓於
首陽之下，民到於今稱之」；一則排在「逸民」類中，云「不降其
志，不辱其身」。從這四段話，可知伯夷、叔齊頗似個隱士。所謂
「餓於首陽」，猶云「食貧於首陽」，但後來的人把「餓」看得太著實
了，以為一定是餓死，於是造出「義不食周粟」的話來。這件故事越
說越多，於是伯夷、叔齊成了殷朝的忠臣，沒有《論語》中逸民的氣
息了。[29]在這封信的末尾，顧氏又說：

> 我很想把古史分析開來，每一事列一表，每表分若干格，格上
> 紀事以著書之時代為次，看他如何漸漸的轉變，如何漸漸的放
> 大，或如何一不留心便忘記了，使得作偽之迹無可遁形。這也
> 是一件很有趣的事情。[30]

顧氏以堯、舜、伯夷、叔齊為例，說明他們的事蹟是慢慢附上去的，
又要作表來看古事如何漸漸的轉變，也就是古史是如何層層的累積而
成。至此，「古史層累說」已呼之欲出。

　　錢玄同曾經要求顧頡剛為《國學季刊》寫文章，民國十二年
（1923）二月二十五日，顧頡剛在給錢玄同的〈論詩經經歷及老子與
道家書〉中說：「先生囑我為《國學季刊》作文，我也久有這個意
思。我想做的文是〈層累地造成的中國古史〉。」[31]在這封信裡，顧氏
正式宣布了他的「古史層累說」。同一天，顧氏又給錢玄同一封信，
敘說他的層累造成的中國古史的大意。

---

29 《古史辨》，第1冊，頁43-44。
30 《古史辨》，第1冊，頁44。
31 《古史辨》，第1冊，頁56。

　　顧氏以為西周以至春秋初年，對於古史並沒有悠久的推測，〈商頌〉說：「天命玄鳥，降而生商」。〈大雅〉說：「民之初生，自土沮漆」，又說：「厥初生民，時維姜嫄」，可見他們把本族形成時的人作為始祖，並沒有很遠的始祖觀念。他們只認定一個民族有一個民族的始祖，並沒有許多民族公認的始祖。在這種始祖的觀念之外，顧氏認為遇有一個「禹」，禹最早見於〈商頌〉〈長發〉：「洪水茫茫，禹敷下土方，……帝立子生商。」從這詩，可知禹是上帝派下來的神，不是人。到〈魯頌〉〈閟宮〉說：「是生后稷，……奄有下土，……卑民稼穡，……奄有下土，纘禹之緒。」從這詩，可知禹是先「奄有下土」的人，是后稷之前的一個國王。詩中為什麼不說后稷纘黃帝之緒，纘堯舜之緒？這是因為那時沒有黃帝、堯、舜，只有禹，所以說后稷纘禹之緒。

　　顧氏又以為禹和夏並沒有什麼關係，禹和桀之所以發生關係，是從九鼎而來。禹，《說文》云：「蟲也，從内，象形。」内，《說文》云：「獸足蹂地也。」以蟲而有足蹂地，大約是蜥蜴之類。禹或是九鼎上所鑄的一種動物。九鼎是夏所鑄的，商滅了夏，把鼎搬到商，周滅了商，就搬到周。凡是興國皆以九鼎為信物，這樣夏、商、周就聯成一系。商不得不做桀的臣子，文王不得不做殷紂的臣子。由於禹出於夏鼎，就以為禹是最古的人，應做夏的始祖。[32]這封信，除考辨禹的來源外，也再提到堯、舜事蹟的演變，和以前顧氏的信裡所說很相近。

　　民國十二年（1923）四月二十七日，顧氏為這封信加了一篇

---

32 顧氏此一說法，當時受到相當的質疑，如（1）劉掞藜撰：〈讀顧頡剛君「與錢玄同先生論古史書」的疑問〉，收入《古史辨》，第1冊，頁82-92。（2）胡堇人撰：〈讀顧頡剛先生論古史書以後〉，收入《古史辨》，第1冊，頁92-96。顧頡剛有答書，收入《古史辨》，第1冊，頁96-102，頁105-198。（3）柳詒徵撰：〈論以說文證史必先知說文之誼例〉，收入《古史辨》，第1冊，頁217-222。顧氏答書，收入《古史辨》，第1冊，頁223-231。

〈序〉，把信和〈序〉一起刊在五月六日出版的《讀書雜誌》第九
期。在這篇〈序〉中，又提到要做一篇〈層累地造成的中國古史〉，
來詳述傳說中古史的演變經過。顧氏在這篇〈序〉中表達了他這篇論
文的構想：

1. 可以說明「時代愈後，傳說的古史期愈長」。周代人心目中
   最古的人是禹，到孔子時有堯、舜，到戰國時有黃帝、神
   農，到秦有三皇，到漢以後有盤古。
2. 可以說明「時代愈後，傳說中的中心人物愈放愈大」。如
   舜，在孔子時只是一個「無為而治」的聖君，到〈堯典〉就
   成了一個「家齊而後國治」的聖人，到孟子時就成了一個孝
   子的模範了。
3. 我們在這上，即不能知道某一件事的真確的狀況，但可以知
   道某一件事在傳說中的最早的狀況。我們即不能知道東周時
   的東周史，也至少能知道戰國時的東周史，我們即不能知道
   夏商時的夏商史，也至少能知道東周時的夏商史。[33]

這三點至少已說明「古史層累說」的大概內容和用意。顧氏在這封信
中又以為〈層累地造成的中國古史〉題目的範圍太大了。想分作〈戰
國以前的古史觀〉、〈戰國時的古史觀〉、〈戰國以後的古史觀〉三個題
目來說。

　　民國十二年（1923）五月二十五日，錢玄同向顧頡剛回了一封很
長的信，題名〈答顧頡剛書〉，後來刊在六月十日的《讀書雜誌》第
七期中。信的開頭說：

---

33 《古史辨》，第1冊，頁60。

先生所說「層累地造成的中國古史」一個意見，真是精當絕
倫。舉堯、舜、禹、稷及三皇、五帝，三代相承的傳說為證，
我看了之後，惟有歡喜讚歎，希望先生用這方法，常常考查，
多多發明，廓清雲霧，斬盡葛藤，使後來學子不致再被一切偽
史所蒙。[34]

這些讚美之辭，對顧頡剛的古史考辨工作，應有相當的激勵作用。接
著，錢玄同自述他對堯、舜、禹的看法。他從前以為堯、舜二人一定
是「無是公」、「烏有先生」。堯，高也；舜借為俊，大也。堯、舜的
意義就和「聖人」、「賢人」、「英雄」、「豪傑」一樣，只是理想的人格
之名稱而已。中國的歷史應從禹說起。但讀了顧頡剛的信，連禹這個
人也很可疑了。雖然如此，錢玄同並不贊同顧氏所說，禹是蜥蜴的觀
點，他說：

先生據《說文》云「從内」，而想到「内」訓「獸足蹂地」，以
為大約是蜥蜴之類，竊謂不然。《說文》中從「内」的字，甲
文、金文均不從「内」（如「禽」、「萬」、「㬥」、「獸」諸字），
那「象形，九聲」而義為「獸足蹂地」之「内」字，殆漢人據
訛文而杜撰的字。[35]

可見，兩人在論學的過程中，雖然理念一致，但細節問題仍舊有所出
入。儘管如此，從他們書信來往討論的過程中，我們可以這樣說，震
撼近代史學界的「古史層累說」是顧頡剛受錢玄同的啟發後，慢慢醞

34　《古史辨》，第1冊，頁67。
35　《古史辨》，第1冊，頁69。

釀出來的。前人討論「古史層累說」時，只知有顧頡剛，而不提錢玄同的啟導之功，未免知其一不知其二。

第六章
顧頡剛與胡適

一　前言

　　顧頡剛和胡適可說是對中國近代學術史影響最為深遠的兩位大師，胡適僅僅大顧頡剛兩歲，而胡適卻是顧頡剛的老師。為何兩人都主張現有的儒家經典並非聖人所作，並無權威性。要徹底了解儒家經典的真面目，就要對歷來的經說作總清理。經說有保守的，也有激進的，兩人專挑激進派的學者和他們的著作來整理研究，並有系統的出版，也形成歷史學研究的「古史辨學派」。這個學派，就是胡適和顧頡剛師生兩人所共同創建的。這也可以說是中國近代學術史上頗感動人的一段佳話。

　　研究顧頡剛與胡適之關係的論文已有多篇，包括：王汎森教授在他的大作《古史辨運動的興起》，第一章〈顧頡剛層累造成說的特質與來源〉，第三小節〈胡適提倡的科學方法〉討論胡適對顧頡剛的影響[1]。季維龍的〈胡適與顧頡剛的師生關係和學術情誼〉。[2]顧潮著的〈顧頡剛與胡適〉[3]三文，討論兩人的關係已面面俱到，但是，近年出版的《胡適全集》，還有顧頡剛的著作，如：《顧頡剛讀書筆記》、

1　王汎森教授的《古史辨運動的興起》（臺北市：允晨文化實業公司，1987年4月），頁40-45。

2　此文原發表於《徽州社會科學》1990年1、2期。收入安徽大學胡適研究中心編：《胡適研究》第2輯（合肥市：安徽教育出版社，2000年7月），頁213-253。

3　顧潮：〈顧頡剛與胡適〉，原刊於《胡適研究叢刊》第3輯（北京市：中國青年出版社，1998年8月），頁227-241。

《顧頡剛日記》、《顧頡剛全集》也先後出版。[4]有些資料是以前未見的，利用這些資料也可以補前人之不足。

二 初步印象

胡適在民國六年（1917）七月回國，九月被聘為北京大學文科教授，主講中國哲學史。本來這門課是陳漢章（1864-1893）開的，從唐、虞、夏、商講起。而胡適所編的講義第一章是中國哲學結胎的時代，以《詩經》的時代為背景，從周宣王之後講起，在學生中引起很大的震撼。顧氏在《古史辨》第一冊的〈自序〉說：

> 這一改把我們一班人充滿著三皇、五帝的腦筋驟然作一個重大的打擊，駭得一堂中舌撟而不能下。許多同學都不以為然；……我聽了幾堂，聽出一個道理來了，……胡先生講得的確不差，他有眼光，有膽量，有斷制，確是一個有能力的歷史家。他的議論處處合於我的理性，都是我想說而不知道怎樣說纔好的。……我的上古史靠不住的觀念在讀了《改制考》之後又經過這樣地一溫。[5]

為了確認胡適說法的正確性，顧氏邀中國文學系學生傅斯年去旁聽，傅斯年也表示認同。

《顧頡剛日記（1913-1926）》在民國八年（1919）年一月十四日

---

4 《胡適全集》，2003年9月由合肥市安徽教育出版社出版；《顧頡剛讀書筆記》，1990年1月由臺北市聯經出版事業公司出版；《顧頡剛日記》2007年5月由臺北市聯經出版事業公司出版；《顧頡剛全集》2011年1月由北京市中華書局出版。

5 顧頡剛編著：《古史辨》（臺北市：明倫出版社，1970年3月），第1冊，〈自序〉，頁36。

顧氏讀胡適述其母氏行狀後，又大大的稱讚胡氏一番，他說：

> 胡先生的學問，我勤勉些追上去，也是趕到得的。他一件不可
> 及的地方，只是頭腦清楚。我看一件事物，不是再四推索，總
> 是模糊的多；他只要一看，就能立刻抓出綱領，刊去枝葉，極
> 胡塗的地方，就變成了極明白。這不由得人不傾心拜倒，說是
> 及不來的。[6]

從顧氏所說的這些話，可以知道胡適已成為顧氏心目中的偶像。但
是，顧氏對胡適和傅斯年處理家庭問題，則頗有微辭。胡適的母親，
本就有喘疾，需人侍奉，暑假足足有三個月，胡適不但不回去，反託
人把妻子接出來。顧氏對胡適這種做法，很不以然，批評說：

> 吾敢說胡先生不是母死了，他回去的日子，不知在哪天；或者
> 也要像上海美國的一別十一年。他行狀末段說，遠出遊學，十
> 五年中，侍膝下僅四五月耳。生未能養，病未能侍；畢世劬
> 勞，未能絲毫分任；生死永訣，亦未能一面；平生慘痛，何以
> 加此。[7]

顧氏說胡適此言自是真情，但這個情為何要等到母親死後，才能流露
出來。而顧氏對這種問題的作法則是：「顧我終不願以事業學問，而
犧牲我他方面之責任。雖未能兩全，或將兩失，而在我直覺中終應如
此行去。予不敢強人從己，言二君必非。又於倫理學未能了解，究不

6　《顧頡剛日記（1913-1926）》，第1卷，頁65。

7　《顧頡剛日記》，第1卷，頁66。

審如此心思，在學問上應作何項判斷。姑懸疑案，質諸來日。」[8]

三　經濟的奧援

說起顧頡剛與胡適交往的十多年間，可說是顧氏家庭經濟的守護神，顧氏所以能安心地讀書寫作，多靠胡適從中幫忙，胡適對顧頡剛的師生情誼很是令人感動。

在民國九年（1920）春，顧頡剛即將從北大畢業，這時《新潮雜誌》的編輯傅斯年已到英國留學，接任傅氏編輯的羅家倫也將到美國留學，羅氏想將編輯的職務交給顧頡剛，故託胡適在北京大學為顧頡剛謀一職位，其工作性質是圖書館編目員兼雜誌編輯，因為可以讀很多書，所以顧氏非常願意接受。起先胡適想跟顧頡剛介紹到預科當教員，預科教員薪水比較高，一個鐘點有三元錢，只要六、七個點鐘，一個月便可得七、八十元，但顧氏覺得自己口才不佳，加上幾年來因病而荒廢學業，所以沒接受這個職務。顧頡剛覺得他最適合的工作應該是當圖書館員，但圖書館員月薪只有五十元，而他自己每月連蘇州老家的開銷至少要八十元，所以他想在圖書館的工作之外，再謀一編譯會的工作。他將自己在圖書館與編譯會，所做之事、所編之書開列出來，請大家幫忙，羅家倫對胡適說：

> 頡剛的舊學根柢，和他的忍耐心與人格，都是孟真和我平素極佩服的。所以使他有個做書的機會，其結果決不只完成他個人求學的志願，而且可以為中國的舊學找出一部份條理來。[9]

8　《顧頡剛日記》，第1卷，頁66。
9　顧潮：〈顧頡剛與胡適〉，《胡適研究叢刊》第3輯，頁230。

但是一個大學剛畢業的學生，要在學校中謀得兩份工作談何容易，胡適便允諾補貼他三十元，請他在圖書館工作的同時幫他編書，顧頡剛感謝胡適的知遇之恩，寫信答謝說：

> 我的職事，承先生安排，使我求學與奉職，融合為一，感不可言，薪水一事，承志希說及先生的厚意，更是感激。[10]

如果顧頡剛沒有得到胡適的奧援，的確很難在北京立足。但是由於北大已經拖欠薪水好幾個月，家中長輩要他回蘇州謀職，可是蘇州條件很差，人們只知應酬賭錢喝茶，現實與理想相互衝突，讓他感到痛苦不堪，所以他寫給太太殷履安說：

> 我為將來的生活計，將來的學問計，竟非在北京不可。我所以敢「力反眾議」的緣故，便是有胡先生肯供給我錢，有一個有力的依傍之故。若是這個依傍失掉了，我便不能不在家裡附首聽命了。[11]

可見胡適當時在經濟上的援助，對顧頡剛來說是多麼重要。我們可以這樣說，沒有胡適即沒有顧頡剛，沒有顧頡剛即沒有古史辨主張。如果沒有古史辨學派的歷史定綱，歷史課本一定很無趣。

四　歷史進化論

達爾文（1809-1882）的進化論提出來以後，在歐美幾乎成了最

10　顧潮：〈顧頡剛與胡適〉，《胡適研究叢刊》第3輯，頁230-231。
11　顧潮：〈顧頡剛與胡適〉，《胡適研究叢刊》第3輯，頁231。

時髦的學說。在日本也不遑多讓，翻譯的社會進化論的書，有不少流
入中國。中國的嚴復（1854-1921）譯《天演論》，使進化一詞大為流
行，當時的知識份子口說的、手寫的，如果沒有進化兩個字，就是落
伍的象徵。所以，不論保守型的或是激進型的都好談進化，梁啟超在
所著《新史學》一文中說：

> 何謂進化，其變化有一定之次序，生長焉，發達焉，如生物界
> 及人間世之現象是也。[12]

　　章太炎（1869-1936）在當時除了與曾廣銓（1871-1930）合譯
《斯賓塞爾文集》，並獨力翻譯岸本能武大（1866-1928）的《社會
學》，也撰寫《中國通史略例》，那種有進化意味的論文。胡適在美國
留學時，已接觸到進化理論，民國六年回國，七年（1918）十月十五
日即在《新青年》第五卷四號發表一篇〈文學進化觀念與戲劇改良〉
的論文。在同卷期有通信欄刊載反對世界語的學者的通信，其中有朱
有昀給胡適的信和胡適的回信，兩人針鋒相對，內容頗為精彩。顧頡
剛在民國八年（1919）一月十二日的日記中記載：

> 讀《新青年》……論世界語一篇[13]，胡先生評他根本論點，只
> 是一個歷史進化觀念，並謂語言文字的問題是不能脫離歷史進
> 化的觀念可以討論的。此意非常佩服。吾意無論何學何事，要
> 去論他，總在一個歷史進化觀念，以事物不能離因果也。[14]

12　梁啟超：《新史學》，《飲冰室文集》（臺北市：臺灣中華書局，1960年），第4冊，頁7。
13　顧氏所讀《新青年》即民國七年十月五日出版的第五卷第四號，「論世界語一篇」
　　應指反對世界語中胡適與朱有昀的通信，並無篇名為〈論世界語〉的文章。
14　《顧頡剛日記》，第1卷，頁60。

同一時間，胡適又作〈周秦諸子進化論〉[15]，顧氏讀了這篇文章，在民國八年（1919）一月十七日的《日記》記載著：

> 讀胡適之先生之〈周秦諸子進化論〉，我佩服極了。我方知我年來研究儒先言命的東西，就是中國的進化學說。[16]

這兩段話正好可以證成胡適喜歡談進化理論，也證成顧頡剛受到胡適進化理論的影響。民國八年（1919）一月，顧氏為《新潮》寫了一篇〈中國近來學術思想界的變遷觀〉[17]，顧頡剛在此文第四小節〈將來的希望〉中說：

> 現在世界的新潮流劇激進行，一個社會順了他的趨向去盲從變易，是很容易的，盲從的變易自然會適應新潮流，但是保不住他必向善的方面走去。要是一種的變易，只管他新、不管他善，倒也罷了，無奈人類的進化是有意志的進化，不比蟲類的進化是無意志的進化。無意志的進化只管適應，只管新好了，有意志的進化為著從前的關繫，以後的情形，是要向善的方面的：時勢來了，看著他不善，就要去改變他，不肯貿貿然的適應，並且不願時勢順著潮流自至，要用意志創造出一個世界來。

---

15 胡適的〈先秦諸子進化論〉一文，是民國5年（1916）胡適為中國科學社年會的演講稿，刊於民國6年（1917）1月的《科學》第3卷第1期，又刊於民國6年9月《留美學生季報》秋季第3號。

16 《顧頡剛日記》，第1卷，頁73。

17 本文為顧氏應《新潮》雜誌「思想問題專號」而寫的，但該專號並沒有出版，一直未發表，後發表於《中國哲學》第11輯（1984年1月），今收入《顧頡剛全集》第33冊〈寶樹園文存〉卷1，頁125-145。引文見頁144。

這段話充分反映了顧氏所受西方歷史進化論的影響。

五　姚際恆研究

　　根據顧頡剛的〈校點古今偽書考序〉所說，姚際恆《古今偽書
考》的書名，他早在《書目答問》裡見過；但因該書刻在《知不足齋
叢書》中，而該叢書坊間並不易見到，所以當時顧氏並未讀過《古今
偽書考》。宣統元年（1909），顧氏十七歲，才在孫宗弼處借到該書，
請人謄抄一遍，這書是清光緒十八年（1892）浙江書局單行本。讀後
在他的頭腦裡起了一次大革命。[18]由於在《古今偽書考》中，姚際恆
在《易傳》條提到「予別有《易傳通論》六卷」；於《古文尚書》條
「予別有《通論》十卷」；於《周禮》條「予別有《通論》十卷」；於
《孝經》條「予著《通論》止九經」。[19]可見顧氏對姚際恆已有相當程
度的了解。已知道他著有《九經通論》，只是未見到原書而已。民國
九年（1920）秋，顧頡剛將舊作《清代著述考》送到胡適處，供其參
考。胡適看了很是欣賞，認為顧氏抓住了這三百年的學術研究的中心
思想。十一月，胡適來信詢問姚際恆之著述，認為姚氏能作《九經通
論》，是一個很大膽的人，著述不該不列入。十一月二十四日胡適給
顧頡剛回信，告訴顧氏他已叫北京隆福寺和琉璃廠，去搜尋《九經通
論》。他想把《古今偽書考》抽出，點讀一遍，做一篇序，先行付
印，顧氏答應擔任點讀的工作。同日，顧頡剛回信給胡氏，告訴他點
讀《古今偽書考》很容易，大概至慢也不過二十天。並將民國三年
（1914）所作的〈古今偽書考跋〉，抄錄一份，請胡氏指正。從這篇

---

18 顧潮編著：《顧頡剛年譜》（北京市：中國社會科學出版社，1993年3月），頁23。
19 姚際恆僅提到4種，另有《儀禮通論》、《禮記通論》、《春秋通論》、《論語通論》、
　　《孟子通論》5種未提到。

跋文，可見顧頡剛研究《古今偽書考》已相當有心得。

　　民國九年（1920）十二月十五日，顧氏向胡氏報告，他擬將宋濂的《諸子辨》、胡應麟的《四部正譌》和姚際恆的《古今偽書考》三種印成一冊，書名作《辨偽三種》，並為這書作一篇跋[20]，跋的內容是要為《古今偽書考》作五個表：

　　　　1. 偽書所託的時代
　　　　2. 造偽書的時代
　　　　3. 宣揚偽書的人
　　　　4. 辨偽書的人
　　　　5. 根據偽書而造成的歷史事實[21]

顧氏又覺得範圍太大，擬先做個略表。由於點讀《古今偽書考》的事，一直未能了結，他向胡適報告：

　　　　我標點《古今偽書考》所以慢，學校方面固是事情多，……但我為附注詳細起見，想對於他引的書，都去注明了卷帙、版本，對於他引的人，都去注明了生卒、地域；但竟有許多找不到的，即如《周氏涉筆》一種，竟不能考得周氏是誰，《涉筆》是還有傳本與否？[22]

20　顧頡剛給胡適的信，收入《古史辨》，第1冊，頁13，加標題〈告擬作偽書考跋文書〉。

21　顧頡剛此信作於民國9年（1920）12月10日，說要為《古今偽書考》作一跋。內容是5個表，這跋並沒有完成。今傳的〈古今偽書考跋〉，是民國3年（1914）3月已完成的。

22　《顧頡剛全集》，第39冊，〈書信集〉，卷1，頁292。

在當時點校古書，大抵加上新式標點，對本文略作校勘而已，像顧頡剛要為《古今偽書考》所徵引的書註明卷帙、版本，所徵引的人註明生卒、地域，二十個工作天根本做不完，顧氏也為整理古籍樹立了一個典範。

在學術研究方面，顧頡剛最感到遺憾的事情就是，未能編輯完成《姚際恆遺書彙輯》，這是胡適最先要他完成的工作。姚際恆的《九經通論》，在顧頡剛那個時代，能找到的僅有《詩經通論》，《儀禮通論》和《春秋通論》是從別的藏書家那邊抄來的，《禮記通論》被杭世駿《續禮記輯說》收入二十餘萬言，顧頡剛曾要錢玄同輯其遺文，不知為何沒有成功。《儀禮通論》和《春秋通論》顧頡剛託人到某藏書家處抄來，因借給馬幼漁，不知尚存否，故請胡適到北京時詢問該書去處。這是顧頡剛一生中給胡適的第一百五十五封信（民國三十七年八月三十日），也是倒數第二封信，胡適並沒有回信，或許胡適心中對顧頡剛有些意見罷！

六　小說考證

小說、戲曲在我們的心目中，是不登大雅之堂的作品，很少有學者願意研究它。而胡適竟然用清朝學者考證的方法，把《水滸傳》、《紅樓夢》中版本的源流、故事的演變，考證得清清楚楚、一絲不苟，這是以前學者所未見。胡適的〈水滸傳考證〉[23]發表於民國九年（1920）七月，曾收入汪原放標點，亞東圖書館出版的《水滸》一書，流傳很廣。

---

23 胡適的〈水滸傳考證〉一文作於民國二十年七月二十七日，同時收入胡適作《中國章回小說考證》一書，又收入一九二○年八月上海亞東圖書館出版的《水滸》（汪原放標點）。

　　顧頡剛在北大預科讀書的時候，曾因為戲劇中的故事與小說或正史相比較，顯得極為錯亂。也為找不到整理的方法而苦惱，現在受到〈水滸傳考證〉這篇文章的啟發，恍然大悟，覺得胡適用這種考證的方法可以探討的故事真不知有多少，同時又想起這年胡適發表的「井田」的文章[24]，其方法正與考證《水滸傳》相同，可見研究小說和古史的方法可以相通。他說：

> 我們只要用了角色的眼光去看古史中的人物，便可以明白堯舜們和桀紂們所以成了兩極端的品性，做出兩極端的行為的緣故，也就可以領略他們所受的頌譽和詆毀的積累的層次。只因我觸了這一個機，所以驟然得到一種新的眼光，對於古史有了特殊的了解。[25]

可見顧氏所受這種研究方法的影響很深。〈水滸傳考證〉一文所用的研究方法並沒有什麼特別的地方，舉一例來說，他認為元朝的水滸戲是相當發達的，就胡適所知道，就有下列十多種：

1. 高文秀的《黑旋風雙獻功》
2. 又《黑旋風喬教學》
3. 又《黑旋風借屍還魂》
4. 又《黑旋風鬥雞會》
5. 又《黑旋風詩酒麗春園》

---

24 胡氏「井田」的文章，是指（1）寄廖仲愷先生的信；（2）附錄：廖仲愷先生答書；（3）答廖仲愷、胡漢民先生的信；（4）附跋四篇合編〈井田辨〉，今收入《胡適全集》（合肥市；安徽教育出版社，2003年9月），第1冊，頁391-416。

25 顧頡剛編著：《古史辨》，第1冊，〈自序〉，頁41。

6.又《黑旋風窮風月》

7.又《黑旋風大鬧牡丹園》

8.又《黑旋風敷演劉耍和》

9.楊顯之的《黑旋風喬斷案》

10.康進之的《梁山泊黑旋風負荊》

11.又《黑旋風老收心》

12.紅字李二的《板踏兒黑旋風》

13.又《折擔兒武松打虎》

14.又《病楊雄》

15.李文蔚的《同樂院燕青博魚》

16.又《燕青射雁》

17.李致遠的《都孔目風雨還牢末》

18.無名氏的《爭報恩三虎下山》

19.又《張順水裡報怨》[26]

這十九種水滸戲大部分都亡佚了，今僅存五種。胡氏認為從這五種僅存的水滸戲，可以得知許多事實來，他舉例說明如下：

第一、元人戲劇裡的李逵（黑旋風）一定不是《水滸傳》裡的李逵。細看這個李逵，他居然能「喬教學」，能「喬斷案」，能「窮風月」，能玩「詩酒麗春園」！這可見當時的李逵一定是一個很滑稽的腳色，略像莎士比亞戲劇裡的佛斯大夫（Falstaff）——有時在戰場上毆人，有時在脂粉隊裡使人發笑。至於「借屍還魂」、「敷演劉耍和」、「大鬧牡丹園」、「老收

---

26 胡適：〈水滸傳考證〉，《菏澤學院學報》第28卷3期（2006年6月），頁133。

心」等等事，更是《水滸傳》的李逵所沒有的了。

第二、元曲裡的燕青，也不是後來《水滸傳》的燕青：「博魚」和「射雁」，都不是《水滸傳》裡的事實。（《水滸》有燕青射鵲一事，或是受了「射雁」的暗示的。）

第三、《水滸》只有「病關索楊雄」，並沒有「病楊雄」的話，可見元曲的楊雄也和《水滸》的楊雄不同。[27]

接著，胡氏用相當多的篇幅敘述這五本水滸戲，從這些劇本可以得出兩大結論：

第一、元朝的梁山泊好漢戲都有一種很通行的「梁山泊故事」作共同的底本。我們可看這五本戲共同的梁山泊背景。

第二、元曲演梁山泊故事，雖有一個共同的背景，但這個共同之點只限於那粗枝大葉的梁山泊略史。此外，那些好漢的個人歷史、性情、事業，當時還沒有固定的本子，故當時的戲曲家可以自由想像、自由描寫。上條寫的是「同」，這條寫的是「異」。我們看他們的「異」處，方才懂得當時文學家的創造力。懂得當時文學家創造力的薄弱，方才可以了解《水滸傳》著者的創造力的偉大無比。[28]

〈水滸傳考證〉一文，大抵用蒐集資料作為論證的根據，詳讀資料，作出結論。由於胡氏的舉證非常豐富，得出的結論往往是不可更易的，這就是胡氏高明的地方。他用這種考證的研究方法，研究古典小

---

27 胡適：〈水滸傳考證〉，《菏澤學院學報》第28卷3期（2006年6月），頁134。
28 胡適：〈水滸傳考證〉，《菏澤學院學報》第28卷3期（2006年6月），頁134。

說多部，著作數十萬字，創立新紅學派，可說是學術史上以學術論文的型態研究古典小說之第一人。

顧頡剛除了他一生立志不移的疑古辨偽外，胡氏也要他幫忙搜集《紅樓夢》的相關資料，這點在顧頡剛與胡適往來的書信中，有充分的反映。

《紅樓夢》的研究，也可看出顧頡剛如何來幫助胡適完成此一繁重的工作。在當時研究《紅樓夢》，是索隱派居於主流的地位，所謂「索隱派」，根據胡氏〈紅樓夢考證〉[29]的評論，主要有：（1）清世祖董鄂妃說；（2）清康熙朝政治小說說；（3）明珠家事說。這個學派較具有代表性的人物和作品有王夢阮的《紅樓夢索隱》、蔡元培的《石頭記索隱》、鄧狂言的《紅樓夢釋真》。索隱派根本不理會原書的版本流變，小說的具體內容和其中人物的性格，以及故事情節的發展線索，卻去收羅許多不相干的零碎故事來附會《紅樓夢》裡的情節，把某些人物情節當作什麼什麼的謎來猜，弄得烏煙瘴氣、不知所云，這可以說是紅學研究的一大倒退。

胡適為了蒐集《紅樓夢》的作者曹雪芹的資料，及續書者高鶚的生平事蹟，幾乎要翻遍所有清人的文集、筆記、地方志書。胡適本人又沒有時間上圖書館，這繁重的工作，就落在顧頡剛的身上，民國十年（1921）四月二日，胡適給顧頡剛的信說：

---

29 胡適〈紅樓夢考證〉的初稿是完成於民國10年（1921）3月27日，11月5日定稿。收入民國19年（1930）亞東圖書館編輯出版的《中國章回小說考證》。1981年又收入亞東圖書館出版的《胡適文存初集》卷3。1988年3月又收入上海古籍出版社出版胡適著《胡適紅樓夢研究論述全編》，頁75-120。2006年6月《菏澤學院學報》第28卷3期有新排印本。關於〈紅樓夢考證〉的版本，季維龍編：《胡適著譯繫年目錄》，頁40。季維龍編：《胡適著譯繫年（1）》，收入《胡適全集》，第43冊，頁314-315。

頡剛兄：

近作《紅樓夢考證》，甚盼你為我一校讀。如有遺漏的材料，
請你為我箋出。你若到館中去，請為我借出：

昆一，《南巡盛典》中的關於康熙帝四次南巡的一部份。潛
三，《船山詩草》八本。

你若此時不能到館，且不必亟亟。附上我的借書證。

　　　　　　　　　　　　　　適。十、四、二。[30]

顧頡剛接到這封信，馬上到北京圖書館去借書，並向胡適回信說：

適之先生：

頃奉函，敬悉。《紅樓夢考證》，蕩滌瑕穢，為之一快。頃到
校，《南巡盛典》係乾隆朝的，檢查一過，與隨園一點沒有關
係。《船山詩草》檢覓不得，想已為人借去了。明日有人約我
到京師圖書館看書，乘便就可一翻。或者《江蘇省志》裡找得
到些曹棟亭的材料，亦未可知。頃見一筆記，謂嘉慶朝逆犯曹
綸即曹雪芹後人。不知曹綸是在什麼逆案內？借書證送還。

　　　　　　　　　　　學生顧頡剛。十、四、二。[31]

可見，顧頡剛接到胡適信的當天，就去借好胡適要他借出來的書，並
在當天就回信。第二天，即四月三日，胡適又有信給顧氏：

30　《顧頡剛全集》，第39冊，〈書信集〉，卷1，頁312。
31　《顧頡剛全集》，第39冊，〈書信集〉，卷1，頁312。

頡剛兄：

頃覆一片後，偶憶及曹綸似係林清「逆案」內人，檢查果然。
附上札記一則，請看。

我想一考高鶚。此人在嘉慶辛酉已為「侍讀」，不知有法子考
出他的籍貫與中進士入翰林的年月嗎？有清代「進士題名全
錄」一類的書可查嗎？此人中進士當在乾隆（55）庚戌與嘉慶
辛酉之間，聞國子監有進士刻石，今天本擬去查看，不幸我從
雍和宮出來時天已晚了。若有「題名錄」一類的書，便可省此
一行。（《耆獻類徵》無高鶚傳。）你明日若尋得著《船山詩
草》，請鈔他「贈高蘭墅鶚同年」一首詩的全文。此詩當在乾
隆戊申以後。

曹棟亭有《棟亭詩鈔》，今不知有傳本否？

適。十、四、三。[32]

顧頡剛在第二天馬上又針對胡適所提問題，寫了三千字左右的回函。
四月十一日胡適又有來函，當天顧氏又寫了約一萬字的回函。文很
長，為節省篇幅，就不再引錄。從四月二日胡適來函詢問與《紅樓
夢》相關的資料開始，至十月二日，半年間兩人通信數十次，顧氏的
工作效率又那麼高，如果沒有學富五車，又對胡適有很高的敬意，是
作不來的。由於顧氏盡心盡力的協助，胡適的研究工作，才能做到滴
水不漏，也不愧是新《紅樓夢》學派的創始人。從他們倆人通信的內
容來看，如要論功行賞，第一功勞者應該是顧頡剛。

---

32 《顧頡剛全集》，第39冊，〈書信集〉，卷1，頁313。

七　漸行漸遠

　　民國十八年（1929）三月顧頡剛離開廣州，沿路在香港、上海、杭州停留，會晤親友，十四日到上海拜訪胡適，那時胡適是上海公學的校長。胡適對顧頡剛說：「現在我的思想變了，我不疑古了，要信古了。」顧氏並不明白胡適說這話的意思。同年秋，顧氏到燕京大學任職，將三年前未完成的舊作〈周易卦爻辭中的故事〉重新改訂，刊於燕京學報第六期（1929年12月）。本文最重要的觀點是《周易》的經和傳歷史觀不同，經的部分應作成於西周，傳的部分應是戰國或西漢的作品。

　　顧氏在編寫《上古史研究講義》時，又立了〈易傳〉一章，〈易傳〉中的〈繫辭傳〉提到聖人觀象制器的事，認為我們所有的日用器物都是伏羲、神農、黃帝、堯、舜，這些聖人看了六十四卦的卦象而製作的，而六十四卦的本根八卦，則是伏羲仰看了天，俯看了地，又看了許多鳥獸人物的形態而造出來。這就是說，一切的物質文明都發源於《易》卦，沒有《易》卦，聖人就想不出這種種東西來。

　　顧氏認為〈繫辭傳〉的說法並不正確，認為創造一件東西，固然是要觀象，但這個象乃是自然界的象，而非八卦之象。[33]顧氏將《講義》寄給胡適，並去信告知。

　　　　前日寄上《講義》一包，諒先覽及。……此半年中，除為《燕
　　　　京學報》做了一篇〈周易卦爻辭中之故事〉外，全力都用在這
　　　　《講義》裡。其中甚多新得，如三統說由於漢人改曆運動，
　　　　〈繫辭傳〉中古聖王觀象制器一段文字為京房一派的人所竄

---

33 顧頡剛編著：《古史辨》，第3冊，頁42。

入，自以為都是創見，請先生批評。[34]

不久胡適回信，他不同意顧頡剛的說法，認為觀象制器是《周易》中的重要學說，不應該推翻它。這時《燕大月刊》向顧頡剛邀稿，顧氏將自己的講義和胡適的信，分別以〈論易繫辭傳中觀象制器故事〉、〈論觀象制器的學說書〉為題，交由該刊發表。民國十九年（1930）冬，顧頡剛正在編輯《古史辨》第三冊，乃將《燕大月刊》所發表之文收入該書中。並為胡適的信寫了一篇跋，該跋曰：「適之先生對於我的態度，不免誤會。他說制器應當觀象，舉瓦特、牛頓的事為例。其實，我在論文中早已說：『創造一件東西，固然是要觀象，但這個象乃是自然界之象而非八卦之象。』」顧潮女士說這是他們兩人學術觀點分歧的開始。[35]

民國二十年（1931），胡適擔任北京大學文學院院長兼中文系系主任，與傅斯年力邀顧頡剛擔任專任教授兼史學系系主任，由於燕京大學盛情難卻且北京大學人事有矛盾，所以顧頡剛並未到北大就任，他推薦錢穆來代替自己，並給胡適一封信說：「我已問過賓四，他也願意。我想，他如到北大，則我即可不來，因為我所能教之功課他無不能教也，且他為學比我篤實，我們雖方向有些不同，但我頗尊重他，希望他常對我補偏救弊。故北大如請他，則較請我為好，以我有流弊而他無流弊也。」顧氏如此作法，胡適想必心裡也不舒坦。一九三一年後兩人由於工作繁忙，以及學術觀點的分歧，彼此往來就不像之前那麼熱絡，但是民國三十六年（1947）十一月二十七日寫給胡適

---

34 顧頡剛致胡適信，第126封，寫於1930年1月24日。收入《顧頡剛全集》，第39冊，〈書信集〉卷1，頁467。

35 顧潮著：〈顧頡剛與胡適〉，《胡適研究叢刊》第1輯（北京市：中國青年出版社，1998年），頁227-241

的信中表示家庭經濟拮据，生活困難，到處兼差就是為了維持生計，顧氏還要幫胡適出版《文存》第四或第五輯，顧氏當時是大中國書局的股東。可見顧頡剛還是把胡適當成自己人看待，心無芥蒂。

　　民國三十七年（1948）八月三十日，顧頡剛給胡適的信中說到：要介紹辛樹幟的兒子給胡適當學生，希望胡適能同意。由此可知，兩人雖然學術見解有分歧，但私人情誼並無減損。這封信另外談到一件事，就是有關姚際恆的著作問題，顧頡剛曾向人借抄《儀禮通論》和《春秋通論》二書，後來借給馬幼漁，一直沒有歸還，所以他請胡適去問書的下落。

> 適之先生：
>
> …………
>
> 去年曾請先生返平後，一查馬幼漁先生藏書，渠借剛所抄之姚際恆《春秋通論》與《儀禮通論》兩書有無存在，如其有之，剛亦不思索還，只請北大將之曬藍，以副本見貽。俟將來印刷價廉時，當即標點出版，一來使沉埋二百餘年之著作復顯於世，二則亦不負三十年前先生提倡之心。此事便中乞一示知。[36]
>
> ……
>
> 專上，敬祝
>
> 康健！
>
> 　　　　　　　　　　　　　學生顧頡剛上。卅七、八、卅。

在之前顧頡剛已讀過姚際恆的《古今偽書考》，希望幫它作點校，胡適也覺得這個構想很好。後來顧頡剛把他所作的《清代著述考》借給

36　《顧頡剛全集》，第39冊，〈書信集〉卷1，頁497。

胡適作參考，胡適發現並未收姚際恆此人，有所不足。因此寫信給顧
頡剛要他搜尋《九經通論》，顧頡剛請人抄寫了《春秋通論》和《儀
禮通論》，二書可說是在胡適催促下才能重見天日。顧頡剛一直想編
《姚際恆遺書彙輯》，這是胡適交代他的課外作業，所以一直很關心
姚際恆著作下落。現在連《春秋通論》和《儀禮通論》都遺失了，顧
氏在信中與胡適報告此事，內心不無慚愧之意。新中國成立以後，開
始有胡適批判運動，顧頡剛與胡適關係如此密切，當然要他出來講些
話，顧頡剛在不得已的情況下說了下面這樣的話：

> 至於胡適，則只是他的〈水滸傳序〉引起了我在民國初年看戲
> 的疑問，從此我懂得用研究故事的方法研究古史，至於他的政
> 治思想和行為，則我一些沒有接受，所以在1928年之後，我二
> 人就分道揚鑣，甚至不相聞問了。[37]

從前文所引民國三十七至三十八年顧頡剛都有書信給胡適，只是胡適
並沒有回信，可見顧氏所說一九二八年後二人就不相聞問，這並不是
實話，就當時的情況來講，顧氏是越早跟胡適斷絕關係越好，所以就
只好說謊話了。

---

37 參考朱洪濤：〈胡適批判中的顧頡剛〉，《各界》第227期（2014年5月），頁87-91。

第七章
結論

　　本書所論述的鄭樵、姚際恆、崔述三位古人，和錢玄同、胡適與顧頡剛同時的兩位今人，對顧氏學術的影響，已有相當細密的分析和論述，茲將論述的要點歸納如下：

一　鄭樵

　　鄭樵和顧頡剛都有博學多聞的治學性格。由於這種性格，顧頡剛一接觸到鄭樵的著作，就備感親切，甚至受到很深的影響。但是，鄭樵的著作除《通典》一書以外，大都已亡佚。即有關鄭氏的傳記，不是太簡略，就是不得事實真相。所以，顧頡剛從民國十年（1921）秋冬之間起開始輯集鄭樵的《詩辨妄》，並將周孚的《非詩辨妄》作為附錄一；又從《通志》中輯出《詩》說，作為附錄二；再從《六經奧論》中選出論《詩》條目，作為附錄三；又輯錄歷代對於鄭樵詩說的評論，作為附錄四。全書於民國二十二年七月由北平樸社出版。顧氏在輯集《詩辨妄》的過程中，將所得材料作成〈鄭樵著述考〉、〈鄭樵傳〉兩篇。這是顧氏研究鄭樵十多年所得的成果。由於顧氏的苦心蒐集研究，鄭樵的生平事蹟、學術思想的特色才漸為人所知。顧氏可說是鄭樵的第一大功臣。

　　顧頡剛既輯集鄭樵的著作，也受到鄭氏治學方法的啟發。如：顧氏見到《通志》〈樂略〉中論《琴操》的一段話，有「杞梁之妻，於經傳所言者不過數十言耳，彼則演成萬千言」的話，顧氏因這些話的

啟示，開始注意孟姜女故事的材料。後來編成《孟姜女故事研究集》三冊，即是鄭樵啟導而來的研究成果。非但如此，顧氏將此一觀念運用在古史的研究上，創出「古史層累說」的古史觀，重新改造我國的古史系統。又顧氏由於輯集《詩辨妄》的緣故，對清學不但不信任，連宋學和漢學都想一起推翻。就《詩經》的研究來說，就是要拋棄一切傳注，把《詩經》的詩篇當作歌謠來研究。傳注中影響最大的就是《詩序》，顧氏等古史辨派學者，所以對《詩序》作最嚴屬的抨擊，就是要將《詩經》詩篇，從《詩序》的束縛中解放出來。而把《詩經》當作歌謠或文學作品來研究，也成了民國以來研究《詩經》的主流。

由此可見，鄭樵影響了顧頡剛的治學方向，顧頡剛則發潛德之幽光，表彰了鄭樵，提高了鄭氏的學術地位。

二　姚際恆

姚際恆雖作有《古今偽書考》、《九經通論》等書，但他的事蹟和著作，可說湮沒不彰。在清初僅閻若璩、毛奇齡的著作略有提到而已。乾隆時代編《四庫全書》，姚氏著作全未收錄。姚氏《九經通論》也僅杭世駿《續禮記集說》有引用而已。雖然，嘉慶以後姚氏的著作多種已有刊本，但流傳仍不廣，知道他事蹟的人也不多。所以，顧頡剛《清代著述考》才沒有收錄姚際恆的著作。

顧頡剛在宣統元年（1909）十七歲時，讀到姚際恆的《古今偽書考》，自稱「在頭腦裡忽然起了一次大革命」，也影響了他一生治學的命運。此後，開始標點《古今偽書考》，並於民國十年（1921）編入《辨偽叢刊》第一集中。

民國十一年（1922）向吳虞借到《詩經通論》，次年開始加標點，但並未出版。一九五七年，顧氏在青島，詳讀《詩經通論》，讀

書紀錄都在顧氏的《湯山小記》中。

民國十年（1921），胡適告訴顧氏，已由錢玄同從《續禮記集說》中輯出姚氏的《禮記通論》，但輯稿一直未有下落。一九七八年顧氏為編輯《姚際恆遺書彙輯》，再作輯錄，但並未完成。民國二十一年（1932），顧氏在杭州崔氏藏書樓發現《儀禮通論》，並請人抄錄。後因借給馬幼漁而不知下落。顧氏辛苦一輩子，所得之姚氏遺書也僅有《古今偽書考》、《詩經通論》等數種而已。

姚氏的《古今偽書考》，就疑古辨偽之精神來說，給顧氏很深的影響。如就實質內容來考察，顧氏也指出不少疏失，如偽書的歸類不當、所列偽書有所缺漏、以文體來辨偽之確當性等都是。雖然如此，顧氏仍然相當肯定《古今偽書考》的價值，以為它能將以前神聖不可侵犯之經書，判定為偽書，對民初的疑古思潮，有啟發的作用。

顧氏對姚氏的《詩經通論》，也做了較仔細的研究。對於姚氏反《詩序》不夠徹底，提出了批評。如就姚氏的長處來說，顧氏讚許他治經無宗派之見，不落漢、宋窠臼，唯是是從。對姚氏能以《尚書》等他經的字詞來和《詩經》相比勘，頗為肯定。尤其姚氏能以古器物來勘驗《詩經》的名物，讚許姚氏是程瑤田、吳大澂之流亞。

姚際恆對顧氏有三點影響：一是啟導疑古辨偽的精神；二是啟發孟姜女故事的研究；三是開啟《詩經》研究的新學風。姚氏之學因顧頡剛而發揚光大，顧頡剛也因姚氏的影響，而開創了民國以來研究古史的新風氣，成為古史辨學派的靈魂人物。

三　崔述

在古今疑古辨偽的書籍中，顧頡剛最喜歡崔述的《考信錄》，這是無可懷疑的。我們從顧頡剛拿到《考信錄》後，日以繼夜、廢寢忘

食的點讀，就可以得到證明。《考信錄》注經的原則是信經而棄傳注，
所以要信經的緣故是因為經為聖人所著，不可懷疑；為何要拋棄傳注，
因為傳注是後儒的說法，不一定可信。顧頡剛雖然推崇《考信錄》，
但對他相信聖人之經的說法並不認同，批評崔述的觀念太保守。

顧頡剛在民國十年得到胡適替他購買的《畿輔叢書》本《崔東壁
遺書》後，花費十多年的時間來重編《崔東壁遺書》，完成後由亞東
圖書館出版。但是他對亞東版仍舊不滿意，時常指導學生該如何修
訂，才能更完善。一九八〇年顧氏過世後，由他的學生王煦華主導修
訂，一九八三年上海古籍出版社出版這新版本。由於他編書時，對資
料的來龍去脈，都要一一考訂清楚，所以在所收的書中，往往有加上
按語。因此，全書的篇幅增加了許多，比那珂通世標點的版本篇幅還
多出四分之一，可說是有關崔述著作中最完備的一種。顧氏編輯的方
法和他對資料的態度，都是當時最先進的，譬如他的書除了崔述本人
的著作外，也附有親友的著作、傳記等相關資料，將各種零星的記載
收羅在一起，編成資料彙編，這種方法節省了讀者搜尋資料所花費的
人力物力，是最值得學習的一種編輯法，今人編輯的許多書都附有相
關資料彙編，可說是受顧頡剛的影響。

顧頡剛在研究崔述的過程中，他把重點放在《崔東壁遺書》的編
輯問題上，增加了很多資料，在各種資料中也作了相當多的考證，所
以全書有不少顧頡剛的按語，這些按語長短不一，但都是顧頡剛花費
不少心血、花了很多時間考證得來的。

此外，顧頡剛又在胡適的指示下編輯《崔述》一書，這應該是崔
述文章的選集。從他的《日記》中，可看出顧頡剛在為此書作注解，
可惜商務印書館至今未有此書出版的訊息。

四 錢玄同

古史辨學者治學的目的，是藉考辨古籍來了解古史的真相。他們要編《辨偽叢刊》，將辨偽由辨「偽書」擴及「偽事」，且錢玄同認為辨「偽事」比「偽書」更重要。像王充的《論衡》、劉知幾的《史通》、朱子的〈詩序辨說〉、章太炎的〈徵信論〉，這些以辨「偽事」為主的論著，都應裁篇而出，加以標點，並輯為一書。由於他們重視書中的偽事，對古籍中所記載的種種事實，重新加以審視，不但發現了古籍的真面目，也為後來的「古史層累說」提供了靈感。

在考辨古籍的過程中，錢氏努力去探求六經的真相，推翻「孔子刪述六經」的觀點。顧頡剛認為大家把刪經、作經的事全附會到孔子身上，從劉知幾、萬斯同、章學誠等人的論辨，可知六經既非周公之舊典，也非孔子之作品。根據錢玄同的分析，《詩經》是一部詩歌總集，《尚書》是文件類編，《儀禮》是戰國時代抄成的偽書，《周禮》是劉歆偽造，《兩戴記》十分之九是漢儒所作，《樂》本無經，《周易》是原始生殖器崇拜，《春秋》是「斷爛朝報」、「流水賬簿」。所有的經書都與孔子無關，書中並無微言大意，而是有待整理的史料而已。錢玄同認為《詩經》只是一部最古的總集，與《文選》、《花間集》、《太平樂府》等書的性質相同，根本不是聖經，和孔子也沒什麼相關。顧頡剛作了〈詩經的厄運與幸運〉，認為《詩經》有四大厄運，也有四大幸運。最大的厄運是與孔子發生關係，成了聖道王化的偶像。他們認為《春秋》並非孔子所作，除討論《春秋》的性質外，並推斷孔子作《春秋》這一說法形成的過程。

錢玄同認為辨「偽事」更為重要，疑古派學者開始注意到古書所載人物事蹟的正確性。顧頡剛受到啟發，開始考究舜的事蹟，以為舜本是沒有事蹟的古帝，後人慢慢把事蹟加上去，竟成了孝子的楷模。

接著又考究堯、伯夷、叔齊等人，也都如此。在民國十二年（1923）
二月二十五日給錢玄同的信中正式提出要作一篇〈層累地造成的中國
古史〉，正式向世人宣布他的「古史層累說」。在信中他認為禹是蜥
蜴，馬上引起很大的反響。顧氏在研究的過程中發現，「時代愈後，
傳說的古史期愈長」，「傳說中的中心人物也愈放愈大」。這就是他的
「古史層累說」的中心思想。今人提到「古史層累說」，都認為是顧頡
剛的創見，但從他們來往的書信，可知顧氏是受錢玄同的啟發而來。

五　胡適

民國六年（1917）七月胡適回國，九月被聘為北京大學文科教
授。他取代陳漢章，開「中國哲學史」的課。他不像陳漢章，從三皇
五帝講起，而是從《詩經》中的周宣王。顧頡剛邀傅斯年來旁聽，傅
氏也同意胡適的看法。胡適這一截斷眾流的魄力，在當時青少年的心
目中起了很大的作用。所謂「截斷眾流」，是因為他有膽識，能分清
偽史與真史之別。

胡適對顧頡剛的影響，主要在治學方法和疑古著作的整理。像胡
適提倡進化論，對顧氏治學也有很大的影響。歷史的進化或演化，就
跟古史的層累說有異曲同工之妙。「古史層累說」，主要的論點，就是
古代的史事有許多本來是很簡單的，經過時間的累積，慢慢複雜起
來，推崇歷史進化論的學者以為由簡而繁就是一種進化，中國很多故
事、傳說，都是以這種形態發展出來的。

胡適又應用考證的方法來研究小說、戲曲，對顧氏也有影響。他
寫作〈《水滸傳》考證〉、〈《紅樓夢》考證〉，對版本源流、故事的演
變，考證得清清楚楚，這是以前的學者所未見到的。顧氏利用這種方
法來研究許多故事、傳說、章回小說、戲曲，都有很亮麗的成果。根

據胡適在〈《紅樓夢》考證〉的說法，民國初年《紅樓夢》的研究有三派：（1）清世祖董鄂妃說；（2）清康熙政治小說；（3）明珠家事說。他們根本不理會原書的版本問題，書中的具體內容和人物的性格，以及故事情節的發展線索，卻專收許多不相干的零碎故事來附會，可說是《紅樓夢》研究的一大倒退。民國十年（1921）起，胡適要求顧頡剛幫他找《紅樓夢》的研究資料，顧氏對古籍非常熟悉，一找好資料，馬上跟胡適回信。由於有顧頡剛的熱心協助，胡適撰寫的論文資料特別豐富，論證也合情合理，這就使胡適成為古典小說研究的第一人。

顧頡剛整理歷代疑古辨偽書籍，大多與胡適有關，從他們的書信往來，可以得知。例如：點讀崔述《考信錄》，就是一個顯著的例子。清道光四年陳履和刊刻《崔東壁遺書》，收了崔述的全部著作。後來王顥刊刻《畿輔叢書》，只收《考信錄》。胡適購買一套，交給顧頡剛，要顧氏點讀其中《考信錄》。顧頡剛後來發現陳履和的《崔東壁遺書》並不完整，就開始重編《崔東壁遺書》。因得到胡適的支持，所以把他所寫的〈科學的古史家崔述〉一文，刊登在重編本《崔東壁遺書》中。又如：顧頡剛點讀姚際恆《古今偽書考》和《詩經通論》，都是胡適受意的，胡適儼然成為當時整理古籍的領頭羊。

民國十八年（1939）胡適擔任上海公學的校長，顧頡剛去看他。胡氏說：「現在我的思想變了，我不疑古了，要信古了。」民國十八年（1939），顧頡剛在《燕京學報》第六期刊登〈周易卦爻辭中的故事〉，討論到聖人觀象制器，顧頡剛不同意胡適把「象」解釋為六十四卦的卦象，而認為應是自然之象，這是兩人學術見解分歧的開始。

最後，再用最簡單的文字，歸納這五人對顧頡剛學術的影響。

一、鄭樵──博通的性格，疑古的精神，拋棄古今傳注，啟發顧頡剛提出「古史層累說」，代表作《通志》、《詩辨妄》。

二、姚際恆——懷疑經書的可信度，清學、宋學、漢學都置之不理，代表作《古今偽書考》。

三、崔述——信經不信傳注，代表作《考信錄》。

四、錢玄同——六經非聖人之作，辨偽事比辨偽書更重要，啟發顧頡剛的「古史層累說」。

五、胡適——六經非聖人之作，用考證的方法研究故事、傳說、小說、戲曲，鼓勵大家整理古籍。

可見，顧頡剛的學問取之於各家者，僅是各家學問體系中的一個概念，或是一種想法，經顧氏的涵濡蘊蓄，最後形成一種思想體系，對當時和後代的學術研究，產生很大的影響。

參考文獻

一　電子文獻

1. 中央研究院歷史語言研究所傅斯年圖書館館藏目錄
   臺北市　中央研究院
2. 中央研究院中國文哲研究所圖書館館藏目錄
   臺北市　中央研究院
3. 國家圖書館館藏目錄查詢系統
   臺北市　國家圖書館
4. 國家圖書館臺灣碩博士論文知識加值系統
   臺北市　國家圖書館
5. 國家圖書館臺灣期刊論文索引系統
   臺北市　國家圖書館
6. 國家圖書館全國圖書書目資訊網
   臺北市　國家圖書館
7. 國家圖書館漢學中心典藏大陸期刊篇目索引資料庫
   臺北市　國家圖書館
8. 臺灣文史哲論文集篇目索引系統
   臺北市　國家圖書館
9. 臺灣大學圖書館館藏目錄
   臺北市　國立臺灣大學圖書館

10. Airiti Library 華藝線上圖書館

　　新北市　華藝數位公司

11. 港澳期刊資料庫

　　香港　香港中文大學圖書館

12. 香港高校圖書聯網（Hong Kong Academic Library Link）

　　香港　大學教育資助委員會

13. 東洋學文獻類目

　　京都市　京都大學人文科學研究所東洋學文獻中心

14. 中國知識資源總庫[CNKI 系列數據庫]

　　北京市　清華大學光碟國家工程研究中心

15. 中國期刊全文數據庫[CNKI 系列數據庫]

　　北京市　清華大學光碟國家工程研究中心

16. 中國優秀碩士學位論文全文數據庫[CNKI 系列數據庫]

　　北京市　清華大學光碟國家工程研究中心

17. 中國博士學位論文全文數據庫[CNKI 系列數據庫]

　　北京市　清華大學光碟國家工程研究中心

18. 中國重要報紙全文數據庫[CNKI 系列數據庫]

　　北京市　清華大學光碟國家工程研究中心

19. 讀秀中文學術搜索

20. 日本「GeNii」學術網站

　　東京市　日本國立情報學研究所（NII）

（一）綜論

1.《中國近三百年疑古思潮史綱》 路新生
上海市 復旦大學出版社 2014 年 3 月

2.《二十世紀疑古思潮》 吳少珉、趙金昭主編
北京市 學院出版社 2003 年 7 月

3.《疑古思想與現代中國史學的發展》 彭明輝
臺北市 臺灣商務印書館 1991 年

4.〈從疑古到重建——傅斯年的史學革命及其與胡適、顧頡剛的關係〉 杜正勝
《中國文化》 第 12 期 1995 年秋季號

5.〈近代中國的線性歷史觀——以社會進化論為中心的討論〉 王汎森
《新史學》 第 19 卷 2 期 2008 年 6 月

6.《文史哲學者治學談》 顧頡剛等
長沙市 嶽麓書社 1983 年 1 月

（二）顧頡剛（1893-1980）

1.《古史辨》 第一冊 顧頡剛編著
臺北市 明倫出版社 1970 年 3 月

2.《古史辨》 第二冊 顧頡剛編著
臺北市 明倫出版社 1970 年 3 月

3《古史辨》 第三冊 顧頡剛編著
臺北市 明倫出版社 1970 年 3 月

4.《古史辨》 第四冊 羅根澤編著
臺北市 明倫出版社 1970 年 3 月

5.《古史辨》 第五冊 顧頡剛編著
臺北市 明倫出版社 1970 年 3 月

6.《古史辨》　第六冊　羅根澤編著

　臺北市　明倫出版社　1970 年 3 月

7.《古史辨》　第七冊　童書業、呂思勉編著

　臺北市　明倫出版社　1970 年 3 月

8.《顧頡剛全集》　顧潮編

　北京市　中華書局　2012 年 3 月

9.《顧頡剛讀書筆記》　顧頡剛著

　臺北市　聯經出版事業公司　1990 年 1 月

10.《顧頡剛日記》　顧頡剛著

　臺北市　聯經出版事業公司　2007 年 5 月

11.《中國上古史研究講義》　顧頡剛著

　臺北市　文史哲出版社　1990 年 10 月

12.《顧頡剛年譜》　顧潮編著

　北京市　中國社會科學出版社　1993 年 3 月

13.《古史辨運動的興起》　王汎森著

　臺北市　允晨文化實業公司　1987 年 4 月

14.《顧頡剛學術思想評傳》　劉俐娜著

　北京市　北京圖書館出版社　1999 年 9 月

15.《我與古史辨》　顧頡剛著

　上海市　上海文藝出版社　2001 年 1 月

16.〈顧頡剛的經學觀〉　林慶彰

　《中國經學》第 1 輯　桂林市　廣西師範大學出版社　2005 年 11 月

（三）鄭樵（1102-1160）

1.《通志二十略》　鄭樵著、王樹民點校

　北京市　中華書局　1995 年

2.《鄭樵研究》　吳懷祺

　　廈門市　廈門大學出版社　2010 年 11 月

3.《詩辨妄輯本》　顧頡剛輯

　　北平市　樸社　1933 年 7 月

4.《鄭樵校讎略研究》　錢亞新

　　上海市　商務印書館　1948 年 12 月

5.《鄭樵的校讎目錄學》　鄭奮鵬

　　臺北市　學海出版社　1983 年

6.《鄭樵評傳》　徐有富

　　南京市　南京大學出版社　1993 年

7.〈鄭樵著述考〉　顧頡剛

　　《國立北京大學國學季刊》　第 1 卷 1、2 期　1923 年 3 月

8.〈鄭樵傳〉　顧頡剛

　　《國立北京大學國學季刊》　第 1 卷 1 期　1923 年 3 月

9.〈鄭樵史學初探〉　廈門大學歷史系鄭樵研究小組

　　《廈門大學學報》　1963 年 4 期

10.〈論鄭樵的博學多聞和創新精神〉　錢亞新

　　《南京大學學報》（哲學、人文、社會科學）　1987 年 3 期

11.〈鄭樵的詩經學〉　林慶彰

　　《宋代經學國際研討會論文集》　頁 311-328　臺北市　中央研究

　　院中國文哲研究所　2006 年 10 月

12.〈鄭樵與顧頡剛〉　林慶彰

　　《泰安師專學報》　第 21 卷第 2 期　1999 年 3 月

（四）姚際恆（1697-?）

1.《姚際恆著作集》　林慶彰主編

　　臺北市　中央研究院中國文哲研究所　1996 年 4 月

2.《姚際恆研究論集》　林慶彰主編

　　臺北市　中央研究院中國文哲研究所　1996 年 6 月

3.《詩經通論》　顧頡剛點校

　　北京市　中華書局　1958 年 12 月

4.《古今偽書考》　顧頡剛點校

　　北平市　樸社　1929 年春

5.〈姚際恆治經的態度〉　林慶彰

　　《姚際恆研究論集》　上冊　臺北市　中央研究院中國文哲研究所

　　1996 年 6 月

6.〈姚際恆的學問〉　村山吉廣著、林慶彰譯

　　《姚際恆研究論集》　上冊　臺北市　中央研究院中國文哲研究所

　　1996 年 6 月

（五）崔述（1740-1816）

1.《崔東壁遺書》　顧頡剛編

　　上海市　亞東圖書館　1936 年

2.《崔東壁遺書》　顧頡剛編

　　上海市　上海古籍出版社　1983 年 6 月

3.《崔述學術考論》　邵東方著

　　新北市　華藝數位公司　2010 年 10 月

4.〈崔述與顧頡剛〉　路新生

　　《歷史研究》　1993 年 4 期　頁 61-76　1993 年 8 月

5.〈論顧頡剛與崔述的學術關聯〉　吳少珉、張京華

　　《洛陽大學學報》　2002 年 3 期　頁 1-12　2002 年 9 月

6.〈關於胡適與青木正兒的來往書信〉　耿雲志

　　《胡適研究叢刊》第 1 輯　北京市　北京大學出版社　1995 年 5 月

（六）錢玄同（1887-1939）

1.《錢玄同文集》　錢玄同著
　　北京市　中國人民大學出版社　1999 年 4 月至 2000 年 8 月
2.《錢玄同日記》　楊天石編
　　福州市　福建教育出版社　影印本 12 冊　2002 年 9 月
3.〈錢玄同自撰年譜〉　劉思源整理
　　《魯迅研究月刊》　1999 年第 5 期　1999 年 5 月
4.《錢玄同評傳》　吳銳
　　南昌市　百花洲文藝出版社　1996 年 10 月
5.《錢玄同印象》　沈永寶編
　　上海市　學林出版社　1997 年 12 月
6.〈錢玄同早年經學思想述論〉　劉貴福
　　《中國社會科學院研究生院學報》　2002 年 6 期　2002 年 11 月
7.《試論錢玄同對顧頡剛的學術影響》　盧毅
　　《東方論壇》（青島大學學報）　2006 年 6 期　頁 85-89　2006
　　年 12 月
8.〈孔子與春秋的關係〉　張以仁
　　《春秋史論集》　臺北市　聯經出版事業公司　1990 年 1 月

（七）胡適（1891-1962）

1.《胡適全集》　季羨林主編
　　合肥市　安徽教育出版社　2003 年 9 月
2.《胡適之先生年譜長編初稿》　胡頌平
　　臺北市　聯經出版事業公司　1973 年
3.《胡適紅樓夢研究論述全編》　胡適
　　上海市　上海古籍出版社　1988 年 3 月

4.《胡適與現代中國文化》 易竹賢

　　武昌市　武漢大學出版社　1993 年 4 月

5.《胡適文化思想論析》 吳二持

　　北京市　東方出版社　1998 年 4 月

6.《現代學術史上的胡適》 耿雲志、聞黎明編

　　北京市　三聯書店　1993 年 5 月

7.《中國近代思想史上的胡適》 余英時

　　臺北市　聯經出版事業公司　1984 年

8.《重尋胡適的歷程　增訂版》

　　臺北市　聯經出版事業公司　2014 年 8 月

9.《胡適之評傳》　（美）賈祖麟著、張振玉譯

　　北京市　南海出版公司　1992 年 3 月

10.《胡適研究》第二輯　安徽大學胡適研究中心編

　　合肥市　安徽教育出版社　2000 年 7 月

11.《胡適研究叢刊》第一輯　耿雲志主編

　　北京市　北京大學出版社 1995 年 5 月

12.《胡適著譯繫年目錄》　季維龍編

　　合肥市　安徽教育出版社　1995 年 8 月

13〈胡適與顧頡剛的師生關係和學術情誼〉　季維龍

　　《徽州社會科學》　1990 年 1、2 期

14.〈水滸傳考證〉　胡適

　　《荷澤學院學報》　第 28 卷第 3 期　2006 年 2 月

15.〈胡適與小說〉

　　《胡適研究叢刊》第 1 輯　北京大學出版社　1995 年 5 月

16.〈評胡適小說考證〉　易竹賢

　　《胡適與現代中國文化》　武昌市　武漢大學出版社　1993 年 4 月

17.〈開創新紅學的歷史貢獻〉 吳二持
《胡適文化思想論析》第五章 北京市 東方出版社 1998 年 4 月
18.〈胡適進化論主張中的悖謬〉 董然
《天中學刊》 第 30 卷 3 期 2015 年 6 月
19.〈理念的植入──進化論進入文學領域的三個關鍵人物〉 李喜仁
《河南師範大學學報》（哲學社會科學版） 第 38 卷 5 期 2011
年 9 月

附錄一
顧頡剛整理鄭樵、姚際恆、崔述著作之成果

一　鄭樵

　　顧頡剛一面吸收鄭樵治學方法的精華，一面整理鄭樵的傳記資料和著作，具體成果如下：

　　1.〈鄭樵著述考〉　顧頡剛

　　　　《國學季刊》　第 1 卷 1、2 號　1923 年 1、4 月

　　2.〈鄭樵傳〉　顧頡剛

　　　　《國學季刊》　第 1 卷 2 號　1923 年 4 月

　　3.〈鄭樵對於歌詞與故事的見解〉

　　　　《小說月報》　第 14 卷 11 號　1923 年 11 月 10 日

　　4.〈鄭樵詩辨妄輯本〉　顧頡剛輯

　　　　北大《國學門周刊》　第 5 期　1925 年 11 月 11 日

　　5.《詩辨妄》　顧頡剛校點

　　　　北平市　樸社　1933 年 7 月

　　6.〈鄭樵及其著述目錄〉

　　　　未完成

二　姚際恆

　　顧頡剛認為《古今偽書考》是初學者的最佳入門書。此後和胡適

兩人分頭去蒐集姚際恆的著作，具體成果如下：

1.〈古今偽書考跋〉

　《古史辨》　第 1 冊　北平市　樸社　1926 年 6 月

2.《古今偽書考》　顧頡剛點校

　北平市　樸社　1929 年春

3.〈校點古今偽書考序〉

　《史學年報》　第 1 卷 2 期　1930 年 2 月

4.〈詩經通論序〉

　《文史雜志》　第 5 卷 3、4 期合刊　1945 年 4 月

5.《詩經通論》　顧頡剛點校

　北京市　中華書局　1958 年 12 月

6.《儀禮通論》

　顧頡剛傳鈔崔永安家藏鈔本　1934 年

7.《姚際恆遺書彙輯》　顧頡剛編

　未完成

　姚際恆的《九經通論》，顧氏僅找到了《詩經通論》，跟人買了《春秋通論》、請人抄了《儀禮通論》，這二書後來借給馬劢漁先生，不知去向。《禮記通論》顧氏鈔本從杭世駿《續禮記集說》中抄出，加以點勘，但顧氏輯本並沒有見到。

三　崔述

　顧氏整理崔述著作的具體成果如下：

1.〈崔東壁先生故里訪問記〉（與洪業合撰）

　《燕京學報》　第 9 期　1931 年 6 月

2.《崔東壁遺書》

上海市　亞東圖書館　1937 年（詳目見第四章「顧頡剛與崔述」）

3.《崔東壁遺書》

上海市　上海古籍出版社　1 冊　1983 年 6 月（詳目見第四章「顧頡剛與崔述」）

附錄二
顧頡剛論《詩序》

一　前言

　　從民國初年到抗戰期間，討論《詩序》的文章忽然多了起來。[1]
將這些文章分析，他們對《詩序》的討論，約有下列兩點：（1）論辨
《詩序》之作者，大部分學者都以為是東漢衛宏所作；（2）檢討《詩
序》之解釋觀點，以為《詩序》所釋詩旨不合理。[2]在對《詩序》作
徹底的批評以後，已證明《詩序》與孔門沒有必然之關係。《詩序》
既與孔門無關，則其中的解釋，也不一定有聖人的旨意在內，既如
此，《詩序》就不是絕對要遵循的金科玉律。那麼，以前受《詩序》
影響，所形成的《詩經》教化觀，也必須重新解釋。要重新解釋，就
得從《詩經》的本文入手，才能看出《詩經》詩篇的真正意涵。經他
們認真的研究，《詩經》是一部樂歌總集。

　　從前面的敘述，可以知道他們對《詩序》的批評、攻擊，是要切
斷《詩序》與《詩經》的關係，讓《詩經》詩篇的解釋，不再受《詩
序》的左右，而回復到詩篇的本來面目。所以，民國初年對《詩序》
的批評、攻擊，可以說是一種解救《詩經》的回歸原典運動。

　　顧頡剛認為《詩經》全部是樂歌，他以為《詩序》與孔門無關，

1　可參考林慶彰主編：《經學研究論著目錄（1912-1987）》（臺北市：漢學研究中心，
　　1989年12月），上冊，頁296，《詩序》所錄的篇目。

2　參考林慶彰撰：〈民國初年的反《詩序》運動〉，收入《第三屆詩經國際學術研討會
　　論文集》（香港：天馬圖書公司，1998年6月），頁260-282。

是東漢衛宏所作。為了證成《詩序》與孔門無關，顧氏對《詩序》的解釋觀點，作了相當詳盡的分析批評。本文寫作的目的，即在論述顧氏對《詩序》作者的看法，並分析顧氏對《詩序》解釋觀點的批評。從這些分析，可以看出顧氏在民國初年反《詩序》運動的地位。

二 論《詩序》之作者

民國十二年（1923）鄭振鐸（1898-1958）所作的〈讀毛詩序〉，是討論《詩序》最深入的論文，他以為《詩序》是東漢衛宏所作，與鄭氏同時的顧頡剛對《詩序》作者的看法如何？

民國十九年（1930）二月，顧頡剛作〈毛詩序之背景與旨趣〉[3]，很確定的說：「《詩序》者，東漢初衛宏所作，明著於《後漢書》。」這既是顧氏的觀點，也是當時論辨《詩序》學者的共同心聲。在民國三十年（1941）八月，《責善半月刊》二卷十一期，「學術通訊」欄，有讀者來函對顧頡剛所說《詩序》作者是衛宏的說法提出質疑，顧氏在該函的後面加案語，補充自己的論證說：

> 毛公作《詩故訓傳》，而於《序》獨無注，是其書無《序》之證也。《史記》不載有《毛詩》，遑論《毛詩序》。《漢書》〈藝文志〉於向、歆《七略》有《毛詩》及《毛詩故訓傳》矣，亦不謂有《毛詩序》，是西漢時《毛詩》無《序》之證也。《後漢書》〈衛宏傳〉曰：「九江謝曼卿善《毛詩》，……宏從曼卿受學，因作《毛詩序》，善得風雅之旨，於今傳於世。」謂為作

---

3 〈毛詩序之背景與旨趣〉，原發表於《國立中山大學語言歷史學研究所週刊》第10集第120期（1930年2月16日）。後收入《古史辨》（臺北市：明倫出版社，1970年3月重印本），第3冊，頁402。

《毛詩序》，是《序》固作於衛宏也。謂為「於今傳於世」，是宏《序》即東漢以來共見共讀之《序》也。漢代史文不謂有他人作《毛詩序》，而獨指為衛宏作，且謂衛宏即傳世之本，其言明白如此，顧皆不肯信，而必索之於冥茫之中，是歷代經師之蔽也。

顧氏這段有幾個要點：（1）毛公作《毛詩故訓傳》時，並沒有為《毛詩序》作注，可見當時並沒有《毛詩序》。（2）《史記》不載《毛詩》，也沒有說到《毛詩序》，《漢書》〈藝文志〉雖有著錄《毛詩》及《毛詩故訓傳》，但並沒說到《毛詩序》。這是西漢時，《毛詩》無《序》的證據。（3）《後漢書》〈衛宏傳〉已說衛宏作《毛詩序》，而且是「於今傳於世」，是衛宏所作的《序》，就是東漢以來共見共讀之《序》。顧氏認為有這麼充足的證據，已足以證明《毛詩序》為衛宏所作，可是，歷來的經師皆不肯相信，對這種「經師之蔽」，感到很無奈。

三　《詩序》解釋系統的探討

《詩序》既非孔門弟子之作，而是東漢初衛宏的作品。衛宏在作《詩序》時，是否有一自認為合理的解釋系統。這是我們研究《詩序》時，第一個必須考慮的問題。也就是《詩序》所說各詩篇的詩旨是怎麼得來的？

顧頡剛對《詩序》的解釋方法，提出了他的看法，顧氏說：

《詩序》之方法如何？曰：彼以「政治盛衰」、「道德優劣」、「時代早晚」、「篇第先後」之四事納之於一軌。凡詩篇之在先

者，其時代必早，其道德必優，其政治必盛。反是，則一切皆
反。在善人之朝，不許有一夫之愁苦；在惡人之世，亦不容有
一人之歡樂。善與惡之界畫，若是乎明且清也。[4]

顧氏以為《詩序》解釋一首詩，論定詩旨的方法，是以「政治盛
衰」、「道德優劣」、「時代早晚」、「篇第先後」來衡量的，詩篇的順序
在前面的，「其時代必早，其道德必優，其政治必盛」，如果順序在後
面的，一切也都相反。

顧氏為了證明《詩序》解釋詩篇的方法，就如同他所說的那樣，
他舉例說：

> 夫惟彼之善惡不繫於詩之本文，而繫於詩篇之位置，故〈二
> 南〉，彼以為文王、周、召時詩，文王、周、召則聖人也，是
> 以雖有〈行露〉之獄訟，而亦說為「貞信之教興」；雖有〈野
> 有死麕〉之男女相誘，而亦說為「被文王之化而惡無禮」。〈小
> 雅〉之後半，彼以為幽王時詩，幽王則暴主也，故雖有「以饗
> 以祀」之〈楚茨〉，而亦說為「祭祀不饗」；雖有「兄弟具來」
> 之〈頍弁〉，而亦說為「不能宴樂同姓」。其指鹿為馬，掩耳盜
> 鈴之狀，至為滑稽。[5]

顧頡剛指出，詩的好壞並不是從本文來考量，而是從詩篇的位置。他
舉了數個例子，如〈二南〉被《詩序》認為是文王、周、召之化，所
有的詩也應該都是好詩，所以〈行露〉篇，雖有「誰謂女無家，何以
速我獄？雖速我獄，室家不足」這種與訟獄有關的事，《詩序》還是

4　顧頡剛撰：〈毛詩序之背景與旨趣〉，《古史辨》，第3冊，頁402。
5　顧頡剛撰：〈毛詩序之背景與旨趣〉，《古史辨》，第3冊，頁402。

要把它說成「貞信之教興」。另外,〈野有死麕〉本是男女相誘之詩,所以詩的本文說:「有女懷春,吉士誘之」,但《詩序》卻要說「被文王之化而惡無禮」。這是〈周南〉、〈召南〉方面的情況。

至於〈小雅〉方面,《詩序》將後半部定為幽王時詩,因幽王是個暴君,所以即使〈楚茨〉篇中有「以為酒食,以享以祀」這種歌詠祭祀的句子,《詩序》也把這首詩解釋為「祭祀不饗」。又如〈頍弁〉一詩,即使本文中有「兄弟具來」的句子,《詩序》也把這首詩解釋為「不能宴樂同姓」。顧氏認為這種解釋實在是「指鹿為馬,掩耳盜鈴」,因為二千年來之儒者日誦而不悟,所以鄭玄才會根據《詩序》作《毛詩譜》、何楷作《詩經世本古義》,即使有鄭樵、朱熹對《詩序》痛加抨擊,也無法讓學者改變觀念。

由於《詩序》論定詩旨並不是從詩的內容來決定,而是如顧頡剛所說的,「政治盛衰」、「道德優劣」、「時代早晚」、「篇第先後」等為標準,所以,將許多相同內容卻分散在各個不同的國風的詩,合在一起作比較,可見發現《詩序》所定的詩旨卻大不相同。這點民國十二年(1923)鄭振鐸作《毛詩序》時,已舉了不少例子來檢討。[6]顧頡剛也用相同的方法來作比較,如〈周南〉的〈關雎〉和〈陳風〉的〈澤陂〉,內容非常相似,但《詩序》為〈關雎〉所定的詩旨是「〈周南〉、〈召南〉,正始之道,王化之基,是以〈關雎〉樂得淑女以配君子,憂在進賢,不淫其色,哀窈窕,思賢才,而無傷善之心焉。」而為〈澤陂〉所定的詩旨是「刺時也,言靈公君臣淫於其國,男女相悅,憂思感傷焉。」顧氏認為如果將兩序倒換過來,說「〈關雎〉,刺時也」,「〈澤陂〉,正始之道,王化之基,樂得淑女以配君子」,也未嘗不可。但是因為陳國有陳靈公這一淫君,所以〈澤陂〉變成刺詩。

6　鄭振鐸撰:〈讀毛詩序〉,原載《小說月報》第14卷1號(1923年1月10日)。收入顧頡剛編:《古史辨》,第3冊,頁382-401。

而周公卻是制禮作樂的人，所以〈周南〉的〈關雎〉變成美詩。[7]

顧氏還舉了〈唐風〉的〈杕杜〉與〈有杕之杜〉、〈小雅〉〈白駒〉與〈周頌〉〈有客〉、〈邶風〉〈谷風〉與〈小雅〉〈谷風〉等[8]，互相比較，以見《詩序》解釋觀點的不合理。

四　批評《詩序》內容矛盾

《毛詩序》的解釋觀點，既不是建立在詩篇的內容之上，而是建立在教化觀上，所以位置在前的都是好詩，位置在後的都是刺詩。也因為觀點不合理，所以顧氏也極盡所能地，挑出《詩序》中矛盾牴牾的地方，加以批評，茲舉例加以說明：

（一）〈周南〉〈葛覃〉，《詩序》云：「葛覃，后妃之本也。后妃在父母家，則志在於女功之事，躬儉節用，服澣濯之衣，尊敬師傅，則可以歸安父母，化天下以婦道也。」顧氏說：

> 〈葛覃序〉既云「后妃在父母家」，又云「則可以歸安父母」，一句之中，而在母家、在夫家，相為矛盾，作者之腦筋糊塗可知。[9]

顧氏指出《詩序》既云「后妃在父母家」，又云「可以歸安父母」，實自相矛盾。

7　見顧頡剛撰：〈景西雜記（四）〉，《顧頡剛讀書筆記（一）》（臺北市：聯經出版事業公司，1990年1月），頁344-346。

8　〈杕杜〉與〈有杕之杜〉的例子，見《顧頡剛讀書筆記（一）》，頁437-438。〈白駒〉與〈有客〉的例子，見《顧頡剛讀書筆記（一）》，頁390-391。〈邶風〉〈谷風〉與〈小雅〉〈谷風〉的例子，見註七所引書，頁382。

9　見《顧頡剛讀書筆記（一）》，頁347-348。

　　（二）〈周南〉〈桃夭〉，《詩序》云：「后妃之所致也，不妬忌，則男女以正，昏姻以時，國無鰥民也。」顧氏批評說：

　　　　不妬忌如何使男女正，恐怕反使國家多取姬妾，上下化之，而使國多鰥民呢？[10]

顧氏以為后妃如果不妬忌，將使國君多娶姬妾，國內多了許多鰥民，如何使男女正？

　　（三）〈召南〉〈行露〉，《詩序》云：「衰亂之俗微，貞信之教興，強暴之男不能侵陵貞女也。」顧氏質疑說：

　　　　在文王之化下，為什麼猶有強暴之男？[11]

按《詩序》的說法，〈周南〉、〈召南〉都是文王之化，顧氏質疑既受文王之化，何以還有強暴之男？

　　（四）〈小雅〉〈大田〉，《詩序》云：「刺幽王也，言矜寡不能自存焉。」顧氏質疑說：

　　　　〈大田〉明說「伊寡婦之利」，乃〈序〉謂「矜寡不能自存」。[12]

按〈大田〉詩中云：「彼有遺秉，此有滯穗；伊寡婦之利。」意思是說，收割時故意留有「遺秉」、「滯穗」給寡婦，以接濟她。但《序》卻說「矜寡不能自存」，豈不自相矛盾。

10　見《顧頡剛讀書筆記（一）》，頁348。
11　見《顧頡剛讀書筆記（一）》，頁348。
12　見《顧頡剛讀書筆記（一）》，頁353。

（五）〈大雅〉〈皇矣〉，《詩序》云：「美周也。天監代殷莫若周，周世世脩德，莫若文王。」顧氏批評說：

> 〈皇矣序〉云：「周世世脩德，莫若文王。」此句實不通，文王只一世耳，何能一人而世世脩德！[13]

顧氏以為文王只一世而已，怎能世世脩德？其實，這兩句話是說，周人世世脩德，但以文王為最盛，而非如顧氏所說文王一世而已，如何世世脩德。鄭玄《箋》云：「世世脩行道德，維有文王盛爾。」意思最清楚，顧氏應詳味鄭玄之言。

除上述各條外，因《詩序》常常強調各國風首尾篇的相應關係，如〈麟之趾〉是〈關雎〉之應；〈騶虞〉是〈鵲巢〉之應。顧氏對這種說法深不以為然，批評說：

> 《序》于〈麟之趾〉云：「〈關雎〉之應也」，於是於〈騶虞〉云：「〈鵲巢〉之應也。」凡是末篇，皆是首篇之應。然則〈二子乘舟〉為〈柏舟〉之應矣，〈溱洧〉為〈緇衣〉之應矣，可笑！[14]

由於《詩序》把〈關雎〉與〈麟之趾〉、〈鵲巢〉與〈騶虞〉認為有對應關係，顧氏嘲笑其他風之首尾篇是否皆有對應關係，認為這是相當可笑的事。但事實上，《詩序》並沒有這樣說。

---

13 見《顧頡剛讀書筆記（一）》，頁354。
14 見《顧頡剛讀書筆記（一）》，頁350-351。

五　《韓詩》、《魯詩》也有《序》

不僅《毛詩》有《序》，《韓詩》、《魯詩》也都有《序》。朱彝尊《經義考》論《詩序》一條，詳列《韓詩》、《魯詩》之《序》。[15]在顧氏《讀書筆記（一）》中摘要引了朱彝尊的話，顧氏所以要引朱氏的話，無非要證明《韓詩》、《魯詩》不但有《序》，且與《毛詩序》有很多並不相同，《毛詩序》的說法並非金科玉律。

《韓詩序》的說法如：

〈關雎〉，刺時也。

〈芣苢〉，傷夫有惡疾也。

〈漢廣〉，悅人也。

〈汝墳〉，辭家也。

〈蟋蟀〉，刺奔女也。

〈黍離〉，伯封作也。

〈雞鳴〉，讒人也。

〈雨無極〉，正大夫刺幽王也。

〈賓之初筵〉，衛武公飲酒悔過也。[16]

這些《序》，如和《毛詩序》相比對，可以發現有相當之出入。

至於《魯詩序》，因劉向是學《魯詩》的，其《新序》、《列女傳》的說法，都可以說是本於《魯詩》之序。出於《新序》者有：

---

15 見朱彝尊著，林慶彰等編著：《點校補正經義考》（臺北市：中央研究院中國文哲研究所，1997年6月），卷99，頁693-738。

16 見《顧頡剛讀書筆記（一）》，頁425-427。

〈二子乘舟〉，為伋之傳母作。

〈黍離〉，為壽閔其兄作。

出於《列女傳》者有：

〈芣苢〉，為蔡人妻作。

〈汝墳〉，為周大夫妻作。

〈行露〉，為申人女作。

〈邶柏舟〉，為衛宣夫人作。

〈燕燕〉，為定姜送婦作。

〈式微〉，為黎莊公夫人及其傳母作。

〈大車〉，為息夫人作。[17]

這些都是出於《魯詩》之序。至於《齊詩》，顧氏引朱彝尊之說：
「《齊詩》雖亡，度當日經師亦必有序。」

朱彝尊又認為《毛詩序》本於子夏，所以稽之《尚書》、《儀
禮》、《左氏內外傳》、《孟子》，其說無不合。對於朱彝尊這種看法，
顧氏反駁說：

讀朱氏此論，反可見《毛詩序》是後出的，是集《尚書》、《儀
禮》、《左氏內外傳》、《孟子》及《魯詩序》、《韓詩序》而作
的。因為他出得最後，所以比三家為完備。所謂「彌近理而大
亂真」也！[18]

---

17 見《顧頡剛讀書筆記（一）》，頁425-427。

18 見《顧頡剛讀書筆記（一）》，頁425-427。

顧氏以為朱彝尊的話，反而可以證明《毛詩序》出於三家《詩序》之後，所以特別完備。

六　結論

從以上的分析，可得下列數點結論：

其一，為了要切斷孔門與《詩經》的關係，民國初年研究《詩經》的學者，幾乎都認為《詩序》非子夏作，而是東漢的衛宏所作。顧頡剛在〈毛詩序之背景與旨趣〉一文，已明說：「《詩序》者，東漢初衛宏所作」，後來在《責善半月刊》二卷十一期回答讀者的質疑，又重申此一論點。顧氏對歷來學者不信《後漢書》〈衛宏傳〉所說衛宏作《毛詩序》，認為是「經師之蔽」。

其二，顧氏認為《毛詩序》在為詩篇定詩旨時，是以「政治盛衰」、「道德優劣」、「時代早晚」、「篇第先後」為標準，詩篇的順序在前面的，「其時代必早，其道德必優，其政治必盛」，如果順序在後的，一切也都相反。顧氏舉很多例子，如〈二南〉被認為文王、周、召之化，所錄的詩應該是好詩，所以〈行露〉雖有「何以速我獄」，《詩序》還是把它解釋為「貞信之教興」，足見受教化觀的影響甚深。

其三，《毛詩序》既然不是從詩篇的內容來論定詩旨，其中必有不少矛盾牴牾的地方。顧氏從中舉了不少例子來論證《詩序》說法的不合理，如〈周南〉〈桃夭〉，《詩序》云：「后妃之所致也，不妒忌，則男女以正。」顧氏以為「不妒忌如何使男女正，恐怕反使國君多取姬妾」。像這類的矛盾，顧氏在序中挑出不少。

其四，不僅《毛詩》有《序》，《韓詩》、《魯詩》也都有《序》，朱彝尊《經義考》有《詩序》一條，詳列《韓詩》、《魯詩》之《序》，顧氏在《讀書筆記（一）》中摘引了朱氏的話。這無非要證明

《韓詩》、《魯詩》不但有《序》,且與《毛詩序》有很多不同。《毛詩序》的說法並非釋《詩》的唯一標準。

顧頡剛對《詩序》的論辨,降低了《詩序》的神聖地位。《詩序》已非解釋《詩經》的唯一標準,僅不過眾多標準之一而已。

——本文原刊於《應用語文學報》第三期(2001年6月),頁77-86。

附錄三
顧頡剛的經學觀

一　前言

　　顧頡剛（1893-1980）是江蘇蘇州人。在大家的印象中，他是古史考辨學家，也是經學研究的專家。他於民國十二年（1923）二月二十五日向錢玄同寫信時，正式宣布了震動當代史學界的「古史層累說」[1]，接著於民國十四年（1925）八月下旬起開始編輯《古史辨》第一冊，一直到民國三十年（1941），由呂思勉所編的《古史辨》第七冊出版，這十多年間有關古代史、古代典籍考辨的論文多達數百篇，重要的大多已收入《古史辨》中。《古史辨》所收的論文主題廣泛，研究的對象不一，但都有一個重要目的，即還古代史或古代典籍的真面目。

　　近年來研究顧頡剛的論著可說年年加多[2]，大多從他的古史考辨

1　顧頡剛給錢玄同的信，題名為〈論詩經經歷及老子與道家書〉，其中有段話：「先生囑我為《國學季刊》作文，我久有這個意思。我想做的文是〈層累造成的中國古史〉。」見《古史辨》（臺北市：明倫出版社，1970年3月重印本），第1冊，頁56。

2　筆者所知的專著即有：（1）施耐德著、梅寅生譯：《顧頡剛與中國新史學》（臺北市：華世出版社，1984年1月）；（2）劉起釪著：《顧頡剛先生學述》（北京市：中華書局，1986年5月）；（3）王汎森著：《古史辨運動的興起》（臺北市：允晨文化實業公司，1987年4月）；（4）陳志明著：《顧頡剛的疑古史學》（臺北市：商鼎文化出版社，1993年1月）；（5）顧潮編著：《顧頡剛年譜》（北京市：中國社會科學出版社，1993年3月）；（6）顧潮著：《顧頡剛評傳》（南昌市：百花州文藝出版社，1995年11月）；（7）顧潮著：《歷劫終教志不灰——我的父親顧頡剛》（上海市：華東師範大學出版社，1997年12月）；（8）劉俐娜著：《顧頡剛學術思想評傳》（北京市：北京圖書館出版社，1999年9月）等。

入手，根據顧氏的「古史層累說」，古代史事，或古代人物的事蹟，
往往是層層累積而成的，把這層層累積一層層的剝去，最後留存下來
的，就是古史或古人的真面目。將這個方法應用在經典的研究上面，
也使經學界造成相當大的震撼。蓋既稱為經典，就表示其中有聖人的
制作和理想在內，經典的研究，也就是追尋聖人本義的過程。顧氏等
古史考辨學者，認為這些古代的經典其實都跟聖人無關，根本沒有聖
人的微言大義，為了證明這點，他們花費大半的功夫來考訂這些經典
的作者，以還它們的真面目。經典的作者和時代已定，才能將這些經
典中的材料作為政治史、社會史、經濟史等的材料來利用，這就是所
謂的「經學史學化」。

由於研究顧頡剛的學者大多著重在他的「古史層累說」及其古史
考辨的成果，對他研究這些經典的成果並不太注意，所以有關的研究
成果也寥寥無幾。[3]本文寫作的目的，是要看看在顧氏「古史層累
說」的影響下，他是怎樣來考辨這一部部的經典，他所判定的經典作
者是誰，經典內容的可信度又如何？顧氏對十三經幾乎都有研究，但
以考辨《周易》、《尚書》、《詩經》、《周禮》、《春秋》及《左傳》等書
為多，本文即依這一順序，將顧氏的說法略作論述。

3　筆者所知的論文僅有：（1）丁亞傑撰：〈顧頡剛經學研究——《易》學〉，《孔孟學
報》第73期（1997年3月），頁33-50。（2）劉起釪撰：〈顧頡剛先生與《尚書》研
究〉，《社會科學戰線》1984年3期（1984年），頁220-229。（3）劉起釪撰：〈顧頡剛
先生卓越的《尚書》研究〉，《文史哲》1993年2期（1993年），頁18-25。（4）林登昱
撰：〈論顧頡剛的尚書學〉，《尚書學在古史辨思潮中的新發展》（嘉義縣：國立中正
大學中國文學研究所博士論文，1999年6月），第6章。（5）林慶彰撰，西口智也
譯：〈顧頡剛論詩序〉，《村山吉廣教授古稀記念中國古典學論集》（東京都：汲古書
院，2000年3月），頁963-976。

二　論《周易》作者及「觀象制器」說

顧頡剛討論《周易》的論文，僅有三篇，分別是〈周易卦爻辭中的故事〉、〈論易經的比較研究及象傳與象傳關係書〉、〈論易繫辭傳中觀象制器的故事〉等。[4]還有與李鏡池討論《易傳》著作時代的書信。此外，《讀書筆記》中也有相關的條目。

討論《周易》時最糾結的是它的作者問題，顧氏在〈周易卦爻辭中的故事〉先分析伏羲、文王、孔子之所以成為《周易》的作者的原因。然後他說：「一部《周易》的關鍵全在卦辭和爻辭上，沒有它們，就是有了聖王，畫卦和重卦也生不出多大的意義；沒有它們，就是生了素王，也做不成《易傳》。所以卦爻辭是《周易》的中心，而古今來聚訟不決的也莫過於卦爻辭。究竟這兩種東西（也許是一種東西）是文王作的呢？是周公作的呢？是孔子作的呢？這是很應當研究的問題，因為我們必須弄清楚了它的著作時代，纔可抽出它裡邊的材料（如政治、風俗、思想、語言……）作為各種的研究。」[5]顧氏認為唯有先確定《周易》卦爻辭的時代，才能利用其中的材料作各種的研究。

要如何確定卦爻辭的時代？顧氏不用前人引各家說法作為佐證的方法，而是：「我先把卦爻辭中的故事抽出來，看這裡邊說的故事是哪幾件，從何時起，至何時止，有了這個根據，再試把它的著作時代估計一下。」[6]這種方法不用說，大家也都知道是他的「古史層累說」的運用。民國十二年（1923）二月二十五日，顧頡剛正式宣布了他的「古史層累說」，這篇〈周易卦爻辭中的故事〉，發表於民國十八年（1929）十二月《燕京學報》第六期，距離他提出「古史層累說」

4　均收入《古史辨》，第3冊中。

5　《古史辨》，第3冊，頁4。

6　《古史辨》，第3冊，頁4。

已有六年多。他利用古史層累的觀點來研究《周易》自是得心應手，撥去層累的作者說，從卦爻辭中去尋找它們的真正作者，就經典的研究來說，也是一種「回歸原典」的方法。除去層層累積的歷史積澱，才能回歸經典的真面目。

顧氏認為卦爻辭中的故事，就好像現在的籤訣，紙條上端寫著「伍子胥吳市吹簫」、「姜太公八十遇文王」、「韓信登壇拜將」、「關雲長秉燭達旦」等等故事一樣。經顧氏的研究，卦爻辭中至少有下列的故事：

1 王亥喪牛羊于有易的故事

這事見於〈大壯〉六五爻辭：「喪羊于易，无悔。」又〈旅〉上九爻辭：「鳥焚其巢，旅人先笑後號咷，喪牛于易，凶。」經顧氏仔細分析，才知道這是有關殷王王亥的故事。

2 高宗伐鬼方的故事

這事見於〈既濟〉九三爻辭：「高宗伐鬼方，三年克之，小人勿用。」又〈未濟〉九四爻辭：「震用伐鬼方，三年有賞于大國。」

3 帝乙歸妹的故事

這事見於〈泰〉六五爻辭：「帝乙歸妹以祉，元吉。」又〈歸妹〉六五爻辭：「帝乙歸妹，其君之袂不如其娣之袂良，月幾望，吉。」這是紂王將女兒嫁給文王的故事。

4 箕子明夷的故事

這事見於〈明夷〉六五爻辭：「箕子之明夷，利貞。」顧氏解釋這故事是箕子遭到晦氣。

5 康侯用錫馬蕃庶的故事

這事見於〈晉〉卦辭：「康侯用錫馬蕃庶，晝日三接」。是康侯封國之時，武王賜給馬匹，用以繁殖的故事。

顧氏根據這些故事，論斷「《易經》（即卦爻辭）的著作時代在西周，那時沒有儒家，沒有他們的道統的故事，所以它的作者只把商代和商周之際的故事敘述在各卦爻中。」[7]顧氏根據卦爻辭中所記載的故事，把《周易》卦爻辭的時代定在西周。至於為何把《周易》和伏羲、神農、黃帝、堯、舜、湯、文王、武王等聖人發生關係，完全是因為〈繫辭傳〉中敘述五帝觀象制器的一段話所引起。顧氏認為這是無稽之談。

至於《易傳》的作者，顧頡剛曾說：「《易傳》的著作時代，至早不得過戰國，遲則在西漢中葉。」[8]對於《易傳》的時代，顧氏並沒有花很多工夫去考證，他所在意的是〈繫辭傳〉中的一小段話：

> 古者包犧氏之王天下也，仰則觀象於天，俯則觀法於地，觀鳥獸之文與地之宜，近取諸身，遠取諸物，於是始作八卦，以通神明之德，以類萬物之情。作結繩而為罔罟，以佃以漁，蓋取諸〈離〉。
>
> 包犧氏沒，神農氏作。斲木為耜，揉木為耒，耒耨之利以教天下，蓋取諸〈益〉。日中為市，致天下之民，聚天下之貨，交易而退，各得其所，蓋取諸〈噬嗑〉。
>
> 神農氏沒，黃帝、堯、舜氏作。通其變，使民不倦，神而化之，使民宜之。《易》窮則變，變則通，通則久，是以自天祐

7　《古史辨》，第3冊，頁25。
8　《古史辨》，第3冊，頁25。

之，吉無不利。黃帝、堯、舜垂衣裳而天下治，蓋取諸
〈乾〉、〈坤〉。刳木為舟，剡木為楫，舟楫之利以濟不通，致
遠，以利天下，蓋取諸〈渙〉。服牛乘馬，引重致遠，以利天
下，蓋取諸〈隨〉。重門擊柝，以待暴客，蓋取諸〈豫〉。斷木
為杵，掘地為臼，臼杵之利，萬民以濟，蓋取諸〈小過〉。弦
木為弧，剡木為矢，弧矢之利，以威天下，蓋取諸〈睽〉。
上古穴居而野處，後世聖人易之以宮室，上棟下宇，以待風
雨，蓋取諸〈大壯〉。古之葬者，厚衣之以薪，葬之中野，不
封不樹，喪期無數；後世聖人易之以棺槨，蓋取諸〈大過〉。
上古結繩而治，後世聖人易之以書契，百官以治，萬民以察，
蓋取諸〈夬〉。（〈繫辭〉下傳）

這段話就是古聖人「觀象制器」的故事。對於這一故事，顧氏除在
〈周易卦爻辭中的故事〉中加以批駁外，另作有〈論易繫辭傳中觀象
制器的故事〉一文，來陳述此一說法的無稽。

首先，顧氏質疑像觀象制器這種大事情，為何卦爻辭中並沒有記
載，要等到〈繫辭傳〉才來表彰它？可見卦爻辭時代並沒有觀象制器
的說法。顧氏把觀象制器的事，和專講古聖人創作的專書《世本》
〈作篇〉作比較：

（繫辭傳）	句芒作羅（又《御覽》引，「芒作網」。）
庖犧氏作八卦	
庖犧氏作罔罟	垂作耒耜，作耨（又《御覽》引，「咎繇作耒耜」；又引，「鯀作耒耜」。）
神農氏作耒耜	
	祝融作市

	共鼓貨狄作舟
神農氏作市	
黃帝堯舜（原文未分別哪一個人，故只能照樣錄之）作舟楫	胲作服牛；相土作乘馬；奚仲作車
黃帝堯舜作服牛乘馬	無（但有「鯀作城郭」。）
	雍父作杵臼
黃帝堯舜作重門擊柝	揮作弓；牟夷作矢
黃帝堯舜作杵臼	堯使禹作宮室
黃帝堯舜作弧矢	無
後世聖人作宮室	後世聖人作書契
後世聖人作棺槨	
（世本作篇）	
無	沮誦蒼頡作書

經這一比較，發現兩書所載各種器物的製作人完全不同。顧氏以為作《世本》時並無〈繫辭傳〉，故僅錄自己的傳聞，而當時所傳聞的並不是〈繫辭傳〉所說的那一套。《世本》是秦漢間人所作，〈繫辭傳〉的時代可能更晚，所以戰國諸子都不曾提起古聖人觀象制器的話。顧氏又將〈繫辭傳〉這段話和《淮南子》〈氾論篇〉作比較，發現兩者不但意義全同，文字也都相同。根據劉向《別錄》：「淮南王聘善為《易》者九人，從之採獲，署曰《淮南九師書》。」可見劉安很提倡《易》學。如果那時已有〈繫辭傳〉所說的觀象制器的故事，《淮南子》〈氾論篇〉的作者為何不直接引〈繫辭傳〉，顧氏以為〈繫辭傳〉可能在〈氾論篇〉之後，直接襲用〈氾論篇〉。

　　除了討論觀象制器故事的時代問題外，顧氏也認為這種觀象制器的事根本不能成立，他說：

創造一件東西，固然是要觀象，但這個象，乃是自然界之象，
而非八卦之象。例如看了一塊木頭浮在水面，從此想下去，自
然可以想出造船；至于卦象，則僅木在水上耳，並沒有表示其
不沉的德性，如何可以想出造船來呢？如〈繫辭傳〉所言，看
了「巽（木）上坎（水）下」的〈渙〉會造出木頭船，為什麼
看了「乾（金）上坎（水）下」的〈訟〉想不出造鐵甲船？為
什麼看了「離（火）上坎（水）下」的〈未濟〉想不出造汽
船？[9]

顧氏提出這些質疑以後，以為這是〈繫辭傳〉的新制作說，取代了
《世本》中的舊制作說；是〈繫辭傳〉的伏羲、神農之新五帝說，戰
勝了黃帝、顓頊、帝嚳、堯、舜等舊五帝說。

三 《尚書》研究用功最深

《尚書》是顧頡剛用力最深的一部經書，也是研究成果最豐碩的
書。他在宣統元年（1909），就有志研究《尚書》。[10]民國十一年
（1922）開始研究。在民國十二年（1923）六月一日給胡適的信中，
就提出了他對今文《尚書》二十八篇的看法，他認為這二十八篇可分
為三組[11]：

第一組（十三篇）：〈盤庚〉、〈大誥〉、〈康誥〉、〈酒誥〉、〈梓
材〉、〈召誥〉、〈洛誥〉、〈多士〉、〈多方〉、〈呂刑〉、〈文侯之命〉、〈費

9 　《古史辨》，第3冊，頁42。

10 顧氏在1959年所寫的《讀尚書筆記（一）》的題記說：「予有志治《尚書》始於1909
　　年，其時對於清人考證之學，已略有所窺，而祖父亦讀《尚書》，惟其難讀，是以
　　欲窮究之。五四運動後，予放論古史，頗取資於《尚書》，若有創獲。」

11 見〈論今文尚書著作時代書〉，《古史辨》，第1冊，頁200-202。

誓〉、〈秦誓〉。這一組，在思想上、文字上，都可信為真。

第二組（十二篇）：〈甘誓〉、〈湯誓〉、〈高宗肜日〉、〈西伯戡黎〉、〈微子〉、〈牧誓〉、〈金縢〉、〈無逸〉、〈君奭〉、〈立政〉、〈顧命〉、〈洪範〉。這一組有的文體平順，不似古文；有的是人治觀念很重，不似那時思想。這或者是後世的偽作，或者是史官的追記，或者是真古文經過翻譯，均說不定。不過決是東周間的作品。

第三組（三篇）：〈堯典〉、〈皋陶謨〉、〈禹貢〉。這一組決是戰國至秦漢間的偽作，與那時的諸子學說有相連的關係，那時擬《書》的很多，這三篇是其中最好的，那些陋劣的都失傳了。

對於第三組，顧氏想作兩篇文字，一是〈禹貢作于戰國考〉，二是〈堯典、皋陶謨辨偽〉，並都擬了大綱。〈禹貢作于戰國考〉的大綱是：

    1. 古代對於禹的神話只有治水而無分州；

    2. 古代只有種族觀念而無大一統觀念；

    3. 古代的中國地域不大；

    4. 戰國七雄的疆域開闢得大了，故有統一觀念，……九州之說得以成立了，而秦始皇亦得成統一之功；

    5. 鄒衍「大九州」之說即緊接九州說而來；

    6. 分野之說亦由九州說引起；

7-10.考論九州州名之來歷與戰國時之關係；

  11.考定〈禹貢〉為戰國時書而非秦漢時書之故。

〈堯典、皋陶謨辨偽〉的提綱如下：

    1. 堯舜之說未起前之古史；

    2. 春秋時的堯舜與戰國時的堯舜；

    3. 一時并作的〈堯典〉、〈舜典〉；

    4. 今本〈堯典〉、〈皋陶謨〉的出現；

5.〈堯典〉、〈皋陶謨〉與他書的比較；

6.〈堯典〉、〈皋陶謨〉的批評；

7.所以考定為秦漢時書之故；

8.〈堯典〉、〈皋陶謨〉雜評。

這內容龐大的兩篇論文，因牽涉的問題太多，顧氏決定慢一點下筆。不過，從這裡也可以看出他對研究《尚書》已有前人不可及的大氣魄。

　　民國十四年（1925），顧氏作《尚書》今譯，完成了〈盤庚〉、〈金縢〉兩篇，先刊在《語絲》，後收入《古史辨》中。民國十五年（1926）起，顧氏在廈門大學和中山大學任教，開了《尚書》和《左傳》的課，在中山大學所編的講義，是搜集自漢代至近代研究《尚書》的說法六十二種，編為《尚書學參考資料》八大冊。[12]民國十八年（1929）起在燕京和北京大學任教，開了《尚書》課。民國二十至二十四年間（1931-1935），在北大編成《尚書研究講義》，專門研究〈堯典〉、〈禹貢〉兩篇。其中甲、乙、丁三種專門研究〈禹貢〉，分為下列四種：

1.〈禹貢〉研究討論文獻彙集，附〈十三州問題討論〉、〈九族問題討論〉；

2.《周禮》〈職方〉、《周禮正義資料錄》；

3.〈王會篇〉箋釋；

4.《漢書》〈地理志〉與索引。

丙、戊兩種專門研究〈堯典〉，分為下列五種：

1.〈堯典〉評論；

2.〈堯典〉著作時代之問題；

3.堯、舜、禹禪讓問題；

---

12 此書似未見出版，書稿也未知收藏何處。

4. 朔方問題；

5. 虞廷九官問題。

這是當時研究《尚書》的〈堯典〉和〈禹貢〉最豐富的資料書。

　　在這段期間，顧氏又和顧廷龍搜集《尚書》經文文字變遷的資料，共同編輯了《尚書文字合編》，於民國二十五年（1936）由琉璃廠文楷齋刻字舖以木版摹刻，但未正式出版。後來列入「古籍整理出版十年規劃」。[13]這時顧氏又編了可逐字檢索的《尚書通檢》，民國二十五年（1936）由哈佛燕京學社出版，提供研究和閱讀《尚書》者最方便的工具。

　　這一時期，還因為《尚書》中〈禹貢〉的研究，擴及歷史地理和邊疆地理以及民族歷史的研究。民國二十三年（1934）創辦了《禹貢》半月刊，次年（1935）成立了「禹貢學會」，當時正值日本軍閥侵略中國逐漸加劇的時期，日軍從東北直入華北，因此禹貢學會的研究重點也著重在邊疆和民族問題的研究上，也因此產生了中國歷史地理這一新學科。

　　在《尚書》本身的研究，顧氏又有了新的構想，他在〈尚書通檢序〉中說：

> 民國二十年（1931），我在燕京大學講授「《尚書》研究」一門功課，第一期所講的便是《尚書》各篇的著作時代，其中如〈堯典〉、〈禹貢〉等篇，因為出世的時代太晚了，所以用了歷史地理方面的材料去考訂它，已經很多。但到了〈商書〉以下各篇，因為它們的編成較早，要考訂它們著作的較確實的時代便很費事，這是使我知道不能單從某一方面去考證的。因此我

---

13 這書已於1996年1月由上海古籍出版社出版。

便有編輯《尚書學》的志願。編輯的方法，第一是把各種字體
的本子集刻成一編，看它因文字變遷而沿誤的文句有多少。第
二是把唐以前各種書裡所曾引用的《尚書》句子輯錄出來，參
校傳本的異同，并窺見《逸書》的原樣。第三是把歷代學者關
于《尚書》的文章，匯合整理，尋出若干問題的結論。第四是
研究《尚書》用字造句的文法，并把甲骨文金文作比較，最後
才下手去作《尚書》全部的考定。

這一構想後來因為抗日戰爭，顧氏投入抗敵宣傳工作，並沒有努力去
推動，但可見顧氏對他的《尚書》研究工作一時也不能忘懷。

一九四九年以後，顧氏在上海，仍舊無法忘懷他的《尚書》今譯
的工作。一九五一年五月他在《虬江市隱雜記》[14]的題記中說：

一九四九年以來，社會徹底的改造，大家心情震蕩，哪能坐下
讀書。但我自審年已老大，如果再一蹉跎，便將終身一事無
成，所以仍在不能讀書的環境中勉強讀一些書。《尚書》是我
的專業，又在誠明文學院教此課，所以所讀的以這一方面為
多。如果我能照這樣做去，兩年之後《尚書》今譯的工作必可
做完，那也是了卻三十年來的一樁心事。

他希望能把《尚書》今譯的工作兩年內做完，以了卻三十年來的一樁
心事。由於當時的情勢，根本無法靜下來從事研究。到一九五四年奉
調到北京中國科學院歷史研究所，政治運動不斷。一九五九年稍為安

---

14 本雜記今收入《顧頡剛讀書筆記》（臺北市：聯經出版事業公司，1990年1月），第4
卷中。

定，才決定專心整理《尚書》本文，他在這年七月提出了一個〈尚書學工作計劃〉，假使體力許可，他還想完成下列的工作：（1）《尚書今譯》；（2）《偽古文尚書集辨》；（3）《尚書餘錄》；（4）《尚書學書錄》；（5）《尚書集解》；（6）《尚書文字合編》；（7）校點閻若璩《尚書古文疏證》；（8）校點《古文尚書撰異》等八點。[15]

　　這是個《尚書》學研究的偉大工作，他從《尚書今譯》先入手，實際上不限於譯，而包括校、釋、點、譯、論五節。他從較困難的周誥八篇做起，一九六二年已完成《大誥譯證》的校稿，但因篇幅太大，節要改名為〈尚書大誥今譯〉發表，得到許多學界人士的好評。一九六二年起，顧氏又不斷增加《大誥譯證》的資料，把全文分為上下兩編，上編為「校勘」至「今譯」四部分，下編為「考證」部分。這篇譯證稿，至一九六六年已五易其稿，總字數在六十萬字以上。後因文化大革命，今譯的工作被迫停頓，直到一九八○年顧氏逝世，這今譯的工作尚未完成第二篇。至於其他的工作更不用說，大部分沒有完成。這是顧氏畢生最大的遺憾。

四　論《詩經》之性質與《詩序》作者

　　顧頡剛研究《詩經》是從輯集鄭樵的《詩辨妄》開始。在民國十年（1921）間，錢玄同勸顧氏要注意經部書的辨偽，顧氏就在當年秋冬之間開始輯集《詩辨妄》，準備編入《辨偽叢刊》中，接著是民國十一年（1922）十二月，向吳虞借到姚際恆的《詩經通論》，在蘇州請人抄錄。民國十二年（1923）的三月至八月間，即將該書標點完畢。可見顧氏接觸《詩經》的著作，是從前人疑古的著作入手的。

---

15 見《讀尚書筆記（二）》，收入《顧頡剛讀書筆記》第8卷（下），頁6259。

　　民國十二年的二月二十五日顧頡剛告訴錢玄同，說到鄭振鐸要他
作一篇《詩經》的論文，他擬定了〈詩經的厄運和幸運〉的題目。認
為《詩經》的厄運是：

> 1. 戰國時詩失其樂，大家沒有歷史的知識，而強要把《詩經》
>   亂講到歷史上去，使得《詩經》的外部蒙著一部不自然的
>   歷史。
> 2. 刪詩之說起，使《詩經》與孔子發生了關係，成了聖道王化
>   的偶像。
> 3. 漢人把三百五篇當諫書，看得《詩經》完全為美刺而作。
> 4. 宋人謂淫詩宜刪，許多好詩險些兒失傳。

所謂《詩經》的幸運是：

> 1. 詩篇有了一個結集，不致隨許多逸詩一齊亡了。
> 2. 漢人不當它尋常的詩歌看，所以《漢書》〈藝文志〉中許多
>   歌詩完全亡失，而此巍然僅存。
> 3. 宋代歐、鄭、朱、王輩肯定它的真相，不為傳統的解釋所
>   拘；雖然蒙蔽之處還是很多，到底露一線曙光。
> 4. 到現在可一點沒有拘束，赤裸裸地把它的真相表顯出來了。

這篇文章作了半個月，只完成第一項的厄運。顧氏把先秦各種典籍的
資料，一一加以過濾，選取最可靠的部分，完成了所謂厄運的第一部
分。這篇論文計分五節，即：(1) 傳說中的詩人與詩本事；(2) 周代人
的用詩；(3) 孔子對於詩樂的態度；(4) 戰國時的詩樂；(5) 孟子說

詩。這篇論文，可以說是最詳盡的春秋戰國時代的《詩經》研究史。[16]

　　由於當時研究歌謠的風氣正熱，顧氏利用研究歌謠的心得，重新來思考《詩經》賦、比、興中「興」字的意義，作了〈起興〉一文。[17]他從輯集的歌謠中錄出九條，這裡僅錄前三條：

> 1. 螢火蟲，彈彈開。
>   千金小姐嫁秀才。……
> 2. 螢火蟲，夜夜紅。
>   親娘績苧換燈籠。……
> 3. 蠶豆花開烏油油。
>   姐在房中梳好頭。……

從這些歌謠，顧氏看出「起首的一句和承接的一句是沒有關係的。」他認為古樂府中也有這種例子，如「孔雀東南飛，五里一徘徊」原與下邊的「十三能織素，十四學裁衣，十五彈箜篌，十六誦詩書。」一點也沒有關係。所謂「興」，顧氏的看法是：

> 我們懂得了這一個意思，於是「關關雎鳩」的興起淑女與君子便不難解了。作這詩的人原只要說「窈窕淑女，君子好逑」，但嫌太單調了，太率直了，所以先說一句「關關雎鳩，在河之洲。」牠的最重要的意義，只在「洲」與「逑」的協韻。至于雎鳩的情摯而有別，淑女與君子的和樂而恭敬，原是作詩的人所絕沒有想到的。

---

16 這篇論文，原刊於《小說月報》第14卷3-5號（1923年3-5月）。後收入《古史辨》第3冊，改名為〈詩經在春秋戰國間的地位〉。

17 原發表於《歌謠週刊》第94號（1925年6月7日），後收入《古史辨》第3冊中。

也就是《詩經》中的「興」，祇有押韻的作用。顧氏的說法後來有不少學者為文加以補充修正，基本上認為起興的句子和本事間實有聯想的關係在。

受到研究歌謠的影響，顧氏又作了〈詩經所錄全為樂歌〉一文。[18]《詩經》是否全為樂歌，在宋代以前根本沒有人懷疑，宋代以後開始有人懷疑其中有一部分是徒歌。顧頡剛根據他多年收集歌謠的經驗，發現徒歌中章段迴環複沓的非常少，這是和樂歌最大的不同。為什麼樂歌要迴環複沓呢？顧氏以為是受樂譜的限制。因為樂譜是很短的，但歌卻不一定很短，所以樂譜要複奏，歌詞便因為要複奏而分章。至於徒歌則不受這種束縛，所以不必有襯字，也不用分章。如就這點來說，《詩經》的樂歌氣味很濃厚。

此外，顧氏又提出數點：（1）從春秋時的徒歌證明《詩經》是樂歌；（2）從《詩經》本身證明《詩經》是樂歌；（3）從漢代以來的樂府證明《詩經》是樂歌；（4）從古代流傳的無名氏詩篇證明《詩經》是樂歌等，各提出許多證據來證明《詩經》是樂歌，顧氏觀點大抵可以成立。

當時討論《詩經》的另一重要問題，是《詩序》的作者問題。他們以為《詩序》與孔門無關，是東漢衛宏所作。為了證成這一說法，顧氏對《詩序》的解釋觀點作了相當詳盡的分析批評。

民國十九年（1930）二月，顧頡剛作〈毛詩序之背景與旨趣〉[19]，很確定地說：「《詩序》者，東漢初衛宏所作，明著於《後漢書》。」民國三十年（1941）八月，《責善半月刊》二卷十一期，「學術通訊」

---

18 原發表於《北京大學研究所國學門週刊》第10-12期（1925年12月16-30日），後收入《古史辨》第3冊中。

19 原發表於《國立中山大學語言歷史學研究所週刊》第10集第120期（1930年2月16日），後收入《古史辨》第3冊，頁402。

欄，有讀者來函質疑《詩序》是衛宏所作的說法，顧氏在該函後面加案語，補充論證說：

> 毛公作《詩故訓傳》，而於《詩》獨無注，是其書無《序》之證也。《史記》不載有《毛詩》，遑論《毛詩序》。《漢書》〈藝文志〉於向、歆《七略》有《毛詩》及《毛詩故訓傳》矣，亦不謂有《毛詩序》，是西漢時《毛詩》無《序》之證也。《後漢書》〈衛宏傳〉曰：「九江謝曼卿善《毛詩》，……宏從曼卿受學，因作《毛詩序》，善得風雅之旨，於今傳於世。」謂為作《毛詩序》，是《序》固作於衛宏也。謂為「於今傳於世」，是宏《序》即東漢以來共見共讀之《序》也。漢代史文不謂有他人作《毛詩序》，而獨指為衛宏作，且謂衛宏即傳世之本，其言明白如此，顧皆不肯信，而必索之於冥茫之中，是歷代經師之蔽也。

顧氏這段話有幾個要點：（1）毛公作《毛詩詁訓傳》時，並沒有為《毛詩序》作注，可見當時並沒有《毛詩序》。（2）《史記》不載《毛詩》，也沒有說到《毛詩序》，《漢書》〈藝文志〉雖有著錄《毛詩》及《毛詩故訓傳》，但並沒有說到《毛詩序》。這是西漢時《毛詩》無《序》的證據。（3）《後漢書》〈衛宏傳〉已說衛宏作《毛詩序》，而且是「於今傳於世」，是衛宏所作的《序》，就是東漢以來共見共讀之《序》。顧氏認為有這麼充足的證據，已足以證明《毛詩序》為衛宏所作。

　　衛宏在作《詩序》時是否有一合理的解釋系統，顧氏提出了他的看法：

《詩序》之方法如何？曰：彼以「政治盛衰」、「道德優劣」、
「時代早晚」、「篇第先後」之四事納之于一軌。凡詩篇之在先
者，其時代必早，其道德必優，其政治之盛。反是，則一切皆
反。在善人之朝，不許有一夫之愁苦；在惡人之世，亦不容有
一人之歡樂。善與惡之界畫，若是乎明且清也。[20]

顧氏以為《詩序》解釋一首詩，論定詩旨的方法是以「政治興衰」、
「道德優劣」、「時代早晚」、「篇第先後」來衡量的。詩篇順序在前面
的「其時代必早，其道德必優，其政治必盛」，如果順序在後面的，
一切也都相反。

顧氏為了證明他的觀點，他舉例說：

夫惟彼之善惡不繫于詩之本文，而繫于詩篇之位置，故〈二
南〉，彼以為文王、周、召時詩，文王、周、召則聖人也，是
以雖有〈行露〉之獄訟，而亦說為「貞信之教興」；雖有〈野
有死麕〉之男女相誘，而亦說為「被文王之化而惡無禮」。〈小
雅〉之後半，彼以為幽王時詩，幽王則暴主也，故雖有「以饗
以祀」之〈楚茨〉，而亦說為「祭祀不饗」；雖有「兄弟具來」
之〈頍弁〉，而亦說為「不能宴樂同姓」。其指鹿為馬，掩耳盜
鈴之狀，至為滑稽。[21]

顧頡剛指出，詩的好壞並不是從本文來考量，而是從詩篇的位置，例
如〈二南〉被《詩序》認為是文王、周、召之化，所有的詩，也應該

---

20 見《古史辨》，第3冊，頁402。
21 見《古史辨》，第3冊，頁402。

都是好詩。至於〈小雅〉方面，《詩序》將後半部定為幽王時詩，因幽王是個暴君，所以即使〈楚茨〉篇中有「以為酒食，以享以祀」這種歌詠祭祀的句子，《詩序》也把這首詩解釋成「祭祀不饗」。又如〈頍弁〉一詩，即使有「兄弟具來」的句子，《詩序》也把這首詩解釋為「不能宴樂同姓」。顧氏認為這種解釋實在是「指鹿為馬，掩耳盜鈴」。

　　由於《詩序》論定詩旨並不是從詩的內容來決定，而是如顧頡剛所說的，「政治盛衰」、「道德優劣」、「時代早晚」、「篇第先後」等為標準，所以，將許多相同內容卻分散在各個不同國風的詩，合在一起比較，可發現《詩序》所定的詩旨卻大不相同，如〈周南〉的〈關雎〉和〈陳風〉的〈澤陂〉，內容非常相似，但《詩序》為〈關雎〉所定的詩旨是「〈周南〉、〈召南〉，正始之道，王化之基，是以〈關雎〉樂得淑女以配君子，憂在進賢，不淫其色，哀窈窕，思賢才，而無傷善之心焉。」而為〈澤陂〉所定的詩旨是「刺時也，言靈公君臣淫于其國，男女相悅，憂思感傷焉。」顧氏認為兩篇序倒換過來，也未嘗不可。也因為《詩序》本身有這種矛盾，所以不可相信。

　　《詩序》既不可信，《詩經》中的詩篇也無聖人的教化在內，所有的詩篇也都應重新解釋，所以當時為《詩經》詩篇作新解的也特別多。

五　論《周禮》作者及封國疆域

　　顧頡剛研究《周禮》的時間比較晚，有關《周禮》的第一篇論文是〈讀周官職方〉[22]，全文分本文、批評兩部分，本文部分是錄職方

---

22 發表於《禹貢半月刊》第7卷6、7期合刊（1937年6月），頁327-332。

氏的原文，批評部分在分析職方的內容，認為是抄襲《尚書》〈禹貢〉。

討論《周禮》時最困擾學者的，仍舊是該書的作者問題。顧氏在〈讀周官職方〉中引賈公彥〈序周禮廢興〉所言：「〈周官〉，孝武之時始出，秘而不傳。……至孝成皇帝，達才通人劉向、子歆，校理秘書，始得列序，著於《錄》、《略》。……時眾儒並出共排，以為非是。惟歆獨識，……乃知其周公致太平之跡，跡具在斯。」顧氏以為既云「秘而不傳」，又云「惟歆獨識」，其出現可知是有問題，因此認為是偽書，只是沒有指名劉歆而已。

民國三十一年（1942）顧氏在重慶中央大學任教的講義《春秋三傳及國語之綜合研究》中，有一段論到《周禮》作者的文字：

> 《周官》書始見於王莽時，多不可靠，〈莽傳〉：「發得《周禮》以明殷監」，是此書出王莽時，然此書中有飆邊（原）等字，而他經古籍皆不見，乃於甲骨文中見之，人有謂《周官》為真書者。然莽時存古籍尚多，自可採用，成偽書也。故《周官》係「偽書真材料」，其材料有十之二三為真，然甚多則偽者也。要當為王莽想像之作。[23]

在這裡已明確指出是王莽的想像之作。當一九七九年六月，顧氏發表〈「周公制禮」的傳說和《周官》一書的出現〉[24]一文時，顧氏對《周禮》的作者有相當大的改變。他認為《周禮》是齊國人所作，顧氏的推論是齊國的臨淄是當時各國中最大的都市，商業繁盛自不消說，而

---

23 見顧頡剛講授，劉起釪筆記：《春秋三傳及國語之綜合研究》（香港：中華書局香港分局，1988年6月），頁87。
24 發表於《文史》第6輯（1979年6月），頁1-40。

惡劣分子混集其間的也最多，所以有大規模設官的必要。而《周禮》中的市，組織相當細致，市官之長為「司市」，由下大夫二人擔任，所屬有士二十八人，府、史、胥、徒一百四十四人，他們的職務是分劃市區，平定物價，統一度量，禁止詐偽，判決辭訟。其次有「質人」，管商品的契約；有廛人，管收稅和罰款。此外，是司市所任命的官，每二十四肆設「胥師」一人，管政令，又設「賈師」一人，管物價，每十肆設「司虣」一人，禁止鬥囂和游蕩；每五肆設「司稽」一人，察盜賊；每二肆設「胥」一人，執鞭巡查；每肆設「肆長」一人，依據價值而排列貨物，可說細密到了極點。顧氏以為唯有像臨淄這麼繁華的都市，才需要這麼細密的行政組織。所以顧氏斬釘截鐵地說：「《周官》我敢斷定是齊國人所作，但今本《周官》是否即是齊國的原本，我卻不敢斷定。」

　　除了考辨《周禮》的作者外，顧氏又提出一個很有意思的問題，即：為何《周禮》中的疆域會這般的大？他先把《周禮》中有關封國的資料列出來，如〈大司徒〉說：

> 凡建邦國……諸公之地，封疆方五百里。……諸侯之地，封疆方四百里。……諸伯之地，封疆方三百里。……諸子之地，封疆方二百里。……諸男之地，封疆方百里。

又〈職方氏〉說：

> 凡邦國，千里，封公以方五百里則四公，方四百里則六侯，方三百里則十一伯，方二百里則二十五子，方百里則百男。

又在講到畿服制度時，〈職方氏〉說：

乃辨九服之邦國：方千里曰王畿；其外方五百里曰侯服；又其外方五百里曰甸服；又其外方五百里曰男服；又其外方五百里曰采服；又其外方五百里曰衛服；又其外方五百里曰蠻服；又其外方五百里曰夷服；又其外方五百里曰鎮服；又其外方五百里曰藩服。

為何會有這麼廣大的土地？是作者的空想，還是有其他的因素，顧氏對這些記載提出質疑說：

這樣整整齊齊方一萬里的疆域，遠遠超出了《禹貢》五服的方五千里，因為疆域廣了，所以封起諸侯來手面就闊，不能和《孟子》、〈王制〉等文相比。在《孟子》、〈王制〉裡，公國方百里，現在大至二十五倍了。在〈王制〉裡，方千里的一州要封二百一十國，現在只夠封四個公國了，就是完全封男國也只夠一百個了。為什麼中國的土地會這般地廣大？[25]

顧氏在為自己的質疑尋求答案時，引鄭玄《禮記》〈王制〉的注說：

《春秋傳》曰：「禹會諸侯于涂山，執玉帛者萬國」。……中國而言萬國，則是諸侯之地有方百里，有方七十里，有方五十里者，禹承堯、舜然矣。要服之內地方七千里乃能容之。夏末既衰，夷狄內侵，諸侯相并，土地減，國數少。殷湯承之，更制中國方三千里之界，亦分為九州，而達此（〈王制〉）千七百七十三國焉。周公復唐、虞之舊域，分其五服為九，其要服之內亦方七千里，而因殷諸侯之數，廣其土，增其爵耳。

---

25 見〈「周公制禮」的傳說和《周官》一書的出現〉，頁36。

鄭玄以為在唐、虞、夏時代，中國本來方七千里，封得下一萬方國；夏末因夷狄的侵略而土地減少，又因諸侯的兼并而國數也滅少，所以湯有天下之後就把中國改為三千里之疆界，封了一千七百餘國，如〈王制〉所說；等到周公東征，疆界又擴大到七千里，可是國數少，所以諸侯的封域不妨擴大。可見鄭玄有意調和〈王制〉和《周官》兩書間的矛盾，但還是沒有解決中國疆域廣大的問題。

　　對於周公的封地有多大，顧氏特別下功夫研究，〈職方氏〉說：「封公以方五百里」，《禮記》〈明堂位〉說：「武王崩，成王幼弱，周公踐天子之位以治天下。……七年，致政于成王，成王以周公為有勳勞于天下，是以封周公于曲阜，地方七百里。」或說「五百里」，或說「七百里」。顧氏則舉《孟子》〈告子下〉的話加以反駁說：

　　魯欲使慎子為將軍。孟子曰：「……殃民者，不容於堯、舜之世！……」慎子勃然不悅曰：「此則滑釐所不識也。」曰：「吾明告子：……周公之封於魯，為方百里也，地非不足而儉於百里。……今魯方百里者五，子以為有王者作，則魯在所損乎？在所益乎？」

顧氏以為魯國初封是否方百里，孟子的話或有出入；但到戰國中葉，魯境才五百里，這可從孟子和慎滑釐的對話得到證明。魯國疆土的開拓，根據《春秋》和《左傳》兩部書，也是吞併鄰國而來，大抵經過七百年的向外擴張才有五百里的基業，可見《周官》裡「封公以五百里」的話是絕對不可信。

　　《周禮》雖融合西、東周各國不少的官制在內，但也有作者理想的色彩。如把封域的大小事看成是實際的數目，可能扞格不通。這是

討論《周禮》各種制度時，應該注意的地方。顧氏對《周禮》的理想性似乎體認有所不足，所以才處處懷疑。

六　論《春秋》作者及《左傳》經後人增飾

早在民國十四年（1925）三月十六日，錢玄同寫信給顧頡剛，題名為〈論春秋性質書〉，錢玄同就主張《春秋》不是孔子作的，三月二十一日顧頡剛作了〈答書〉，認為他對《春秋》的意見，和錢玄同相同，顧氏提出六點理由：

1. 《論語》中無孔子作《春秋》事，亦無孔子對於「西狩獲麟」的歎息的話。

2. 獲麟以後定為「續經」，沒有憑據。《春秋》本至「孔丘卒」，儒者因如此則不成為孔子所作，所以揀了一段較為怪異的記載──獲麟──而截止。以為此前為孔子所作，孔子所以作《春秋》是為了「感麟」，此後便為後人所續。

3. 如果處處有微言大義，則不應存「夏五」、「郭公」之闕文。存闕文是史家之事。

4. 《春秋》為魯史所書，亦當有例，故從《春秋》中推出些例來，不足為奇。

5. 《春秋》中稱名無定，次序失倫，如果出於一人之手，不應如是紊亂。何況孔子的思想是有條理的，更何至於此。可見其出於歷世相承的史官之手。

6. 孟子以前無言孔子作《春秋》的，孟子的話本是最不可信。[26]

---

26 見《古史辨》，第1冊，頁276-277。

除了這封答書提出六點理由，以為《春秋》不是孔子所作外，顧氏在民國三十一年（1942）在重慶中央大學任教的講義《春秋三傳及國語之綜合研究》一書中，認為《春秋》一書確經修改而成，但筆削者並非孔子，顧氏的理由是：

1. 《春秋》經筆削有出於孔子之後者。
2. 使「亂臣賊子懼」之春秋筆法，為各國史官之天職，反觀《春秋》，可見魯之史官獨無此膽力。如果孔子修《春秋》，對於史官之天職，不應不用。
3. 《論語》中只有《詩》、《書》、《禮》、《樂》而無《春秋》之文，且《論語》中謂孔子「述而不作」，足反證孔子不作《春秋》。
4. 《公羊》襄公二十一年：「十有一日，庚子，孔子生。」《穀梁》：「庚子，孔子生。」可見《春秋》為孔子以後所修。
5. 今文家有「張三世」即據亂世、升平世、太平世。事實上，《春秋》世愈降則愈不太平，使孔子而果修《春秋》，當不至揚亂世指為太平。
6. 春秋初年的大事，如曲沃伐晉，晉滅耿、霍、魏，楚滅申、息、鄧等事，如果孔子修《春秋》，為何不記。
7. 如與《竹書紀年》比較，知《竹書》皆書國君之諡號，此為修史之例。孔子如果修《春秋》，當盡書廟諡，而不當仍為當時之文，可知《春秋》實當時史官之作，非孔子所作。[27]

上文六點加上這七點，顧氏認為《春秋》實非孔子所作。除了以上十

---

27 見《春秋三傳及國語之綜合研究》，頁5-17。

三點說法去證明《春秋》非孔子所作之外，在上述給錢玄同的〈答書〉中，提出《春秋》所以成為孔子著作的經過，及何以能成為儒家的經典。關於這一問題，顧氏提出五點看法：

1. 《春秋》為魯史官所記的朝報。這些朝報因年代的久遠，當然有闕文，又因史官的學識幼稚，當然有許多疏漏的地方。

2. 孔子勸人讀書，但當時實無多書可讀，《詩》、《書》是列國所共有的，《易》與《春秋》是魯國所獨有的，均為後學者所讀之書。

3. 《春秋》當然不至「孔丘卒」而止，但因儒者的尊重孔子，故傳習之本到這一條就截住了。如此，《春秋》就髣髴是儒家所專有的經典了。

4. 《春秋》成為儒家專有的經典之後，他們尚不滿意，一定要說為孔子所作。於是又在「西狩獲麟」截住，而說孔子所以作《春秋》是因於「傷麟感道窮」。

5. 自有此說，於是孟子等遂在《春秋》內求王道，公羊氏等遂在《春秋》內求微言大義。經他們的附會和深文周納，而《春秋》遂真成了一部素王手筆的經典。[28]

《春秋》是否為孔子所作，正反意見極多。肯定《春秋》為孔子所作，最具代表性的著作，是張以仁先生所著〈孔子與春秋的關係〉。[29] 該文除羅列早期孔子修《春秋》的資料外，並逐條加以檢討。對於楊

---

28 見《古史辨》，第1冊，頁277-278。

29 見張以仁先生著：《春秋史論集》（臺北市：聯經出版事業公司，1990年1月），頁1-59。

伯峻否定孔子修《春秋》之說也一一提出反證。張先生認為孔子修
《春秋》之說，既有早期資料為證，後人所持反對意見又皆不能成
立，則應從舊說，確認今傳《春秋》實係孔子所修。

　　除討論《春秋》一書之作者外，顧氏也詳細研究《左傳》。由於
劉逢祿的《左氏春秋考證》是一本辨偽的書，這與顧氏的學術興趣相
近，所以顧氏校點了該書，並於民國二十二年（1933）由北平樸社排
印出版。顧氏由於受到劉逢祿及康有為之影響，並不相信《左傳》。
有關的論辨都見於《春秋三傳及國語之綜合研究》中。

　　關於《左傳》的作者問題，顧頡剛並沒有遵照劉逢祿、康有為的
說法，以為是劉歆偽作，他引《左傳》閔公元年：

> 晉侯作二軍……趙夙御戎，畢萬為右，以滅耿、滅霍、滅
> 魏。……賜趙夙耿，賜畢萬魏……卜偃曰：「畢萬之後必大。
> 『萬』盈數也，『魏』大名也，以是始賞，天啟之矣。」……
> 初，畢萬筮仕於晉，……辛廖占之，曰：「吉，……公侯之卦
> 也。公侯之子孫，必復其始。」

顧氏根據這段話，推知《左傳》大概是魏人所作，所以才如此褒揚其
先世。顧氏又引《左傳》襄公二十九年：

> 吳公子札來聘……請觀於周樂，使工為之歌……魏，曰：「美
> 哉……以德輔此，則明主也。」……聘於齊，說晏平仲，謂之
> 曰：「……齊國之政，將有所歸，未獲所歸，難未歇
> 也！」……如晉……說趙文子、韓宣子、魏獻子，曰：「晉國
> 其萃於三族乎？」

又引昭公二十八年：

> 仲尼聞魏子之舉也……曰：「……魏子之舉也義，其命也忠，
> 其長有後於晉國乎？」

又引昭公二十九年：

> 晉國……鑄刑鼎，著范宣子所為刑書焉。仲尼曰：「晉其亡
> 矣，失其度矣！」

顧頡剛對所引三事加以評斷說：「後來之事，斷不當事先瞭然若是，
蓋為三家分晉之文無疑，亦即魏人之作也。」[30]以為這些都是後來發
生的事，作者不可能事先知道得這麼清楚，應該是事後所作，而作者
即魏人。

　　再論到今本《左傳》和《春秋》的關係時，顧氏根據兩書的內容
加以仔細的比對，發現有六點關係：

　　1. 改經以立傳；
　　2. 釋不書於經之傳；
　　3. 粉飾書法；
　　4. 標舉凡例；
　　5. 偽造「君子曰」、「君子謂」、「孔子曰」、「仲尼曰」；
　　6. 續經。[31]

---

30 見《春秋三傳及國語之綜合研究》，頁330。
31 見《春秋三傳及國語之綜合研究》，頁53-59。

以上種種說法，顧氏認為是引《左傳》解經時所作的加工。這種工作，如根據《漢書》〈劉歆傳〉：「初，《左氏傳》多古字古言，學者傳訓詁而已。及歆治《左氏》，引《傳》文以解經，轉相發明，由是章句義理備焉。」應該是劉歆所作，不過，像第五點所言偽造「君子曰」等，學者已證明非劉歆或後人所為，而為《左傳》所本有。

顧氏又研究今本《左傳》與原本《左傳》間的關係，認為歷來學者對《左傳》原本的改造，大抵有下列數項：

1. 本無年月日，而勉強為之安插者（例如楚武王、文王時事）。

2. 本為一時事，而分插入數年中者（如曲沃併晉時事）。

3. 將《國語》中零碎記載加以修改併作一篇者（如鄢陵之戰）。

4. 受西漢時代影響而加入者（如漢為堯後說）。

5. 受東漢時代影響而加入者（如少康中興說）。

6. 在杜預作注後加入者（如秦穆夫人登臺而請之語——此晉懷愍被虜後之作品）。

7. 《左傳》本有而後人刪之者（沙鹿崩時晉史卜之語）。[32]

以上七點，顧氏皆詳舉例子加以證明。從他的分析，今本《左傳》的形成，顧氏作了一個表：

---

[32] 見《春秋三傳及國語之綜合研究》，頁60-61。

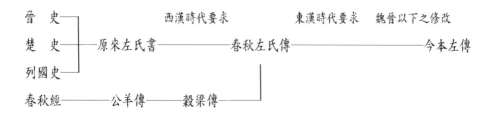

根據這個表，可以很清楚地看出原本《左傳》是採晉史、楚史、列國史而成，經西漢人的增飾成《春秋左氏傳》，再經東漢、魏晉人的修改，成了今本《左傳》。

七 結論

根據前文的分析論述，關於顧頡剛對各經的看法，可得下列數點結論：

其一，顧氏認為《周易》並非伏羲、文王、周公、孔子等聖人所作，而僅是一本占筮之書。其中以卦爻辭最為重要，要斷定卦爻辭的時代，就要看看其中有些什麼記載。顧氏研究卦爻辭中的五個故事，認為卦爻辭作於西周初年。至於〈繫辭傳〉中聖人「觀象制器」的說法，顧氏認為根本是無稽之談。一部《周易》，經顧氏的研究，與古代聖人根本沒有什麼關係。

其二，顧氏為了要研究《今文尚書》的時代，曾將該書二十八篇分為三組，認為〈堯典〉、〈皋陶謨〉、〈禹貢〉是戰國秦漢間之偽作。為深入研究〈堯典〉、〈禹貢〉兩篇，在北京大學任教時特別編成《尚書研究講義》。且創辦《禹貢》半月刊，成立「禹貢學會」，加強有關邊疆和民族的研究。也產生了中國歷史地理這一學科。由於政局的變動，使顧氏無法專心研究，《尚書》的多項計畫多未完成。

其三，顧氏認為《詩經》中並沒有聖人的教化，它是一部入樂的詩歌總集，為了證明《詩經》是入樂的，他以研究歌謠的經驗，以為徒歌迴環複沓的非常少，樂歌為了要和樂譜所以大多迴環複沓。顧氏又認為《詩序》與孔門無關，而是東漢衛宏所作。《詩序》論定詩旨，並不是根據各詩的內容，而是以「政治興衰」、「道德優劣」、「時代早晚」、「篇第先後」來衡量，所以其中有很多矛盾衝突的地方。

其四，早期顧氏以為《周禮》是劉歆偽作，與周公無關。後來，顧氏根據《周禮》市官繁複的組織，認為應該是齊國人所作。對於中國疆域有萬里之大，顧氏也認為不可信。並考訂《周禮》所說，周公之封地有五百里的說法絕對不可相信。

其五，顧氏提出許多證據，證明《春秋》並非孔子所作，《左傳》一書也非如晚清今文學家所說是劉歆偽作，而是先秦即已出現的著作，經西漢至魏晉間的學者逐漸增飾而成。

顧氏對這幾部經書的看法，有一共通的特色，即經書和聖人並沒有直接的關係，它們祇不過是上古史的史料而已，這種「經學史料化」的觀點，使從經書中尋找聖人微言大義的「經學」研究，受到最嚴重的打擊，利用經書中的各種材料，探討古代各種學術史的「史學」研究逐漸興盛起來。就史學研究來說，經書祇不過他們從事古代史研究的素材而已。

經學研究叢書・經學史研究叢刊 0501023

顧頡剛的學術淵源

作　者　林慶彰
責任編輯　邱詩倫
特約校稿　林秋芬

發 行 人　林慶彰
總 經 理　梁錦興
總 編 輯　張晏瑞
編 輯 所　萬卷樓圖書股份有限公司
　　　　　臺北市羅斯福路二段 41 號 6 樓之 3
　　　　　電話 (02)23216565
　　　　　傳真 (02)23218698

發　　行　萬卷樓圖書股份有限公司
　　　　　臺北市羅斯福路二段 41 號 6 樓之 3
　　　　　電話 (02)23216565
　　　　　傳真 (02)23218698
　　　　　電郵 SERVICE@WANJUAN.COM.TW
香港經銷　香港聯合書刊物流有限公司
　　　　　電話 (852)21502100
　　　　　傳真 (852)23560735

ISBN 978-986-478-106-5
2019 年 9 月初版五刷
2017 年 8 月初版
定價：新臺幣 320 元

如何購買本書：
1. 劃撥購書，請透過以下郵政劃撥帳號：
　 帳號：15624015
　 戶名：萬卷樓圖書股份有限公司
2. 轉帳購書，請透過以下帳戶
　 合作金庫銀行 古亭分行
　 戶名：萬卷樓圖書股份有限公司
　 帳號：0877717092596
3. 網路購書，請透過萬卷樓網站
　 網址 WWW.WANJUAN.COM.TW

大量購書，請直接聯繫我們，將有專人為
您服務。客服：(02)23216565 分機 610

如有缺頁、破損或裝訂錯誤，請寄回更換
版權所有・翻印必究
Copyright©2017 by WanJuanLou Books CO., Ltd.
All Rights Reserved　　　　**Printed in Taiwan**

國家圖書館出版品預行編目資料

顧頡剛的學術淵源 / 林慶彰著.
　-- 初版.-- 臺北市 ：萬卷樓, 2017.08
　　面；　　公分
ISBN 978-986-478-106-5(平裝)
1.顧頡剛 2.學術思想 3.傳記
782.887　　　　　　　　　　106013404